Viviana Mazza

L'histoire
de Malala

Illustré par Paolo D'Altan

Traduit de l'italien
par Diane Ménard

GALLIMARD JEUNESSE

Titre original: *Storia di Malala*
Édition originale publiée en Italie
par Arnoldo Mondadori Editore S.p.A., Milan, 2013
© 2013, Arnoldo Mondadori Editore S.p.A., Milan
© Éditions Gallimard Jeunesse, 2013, pour la traduction française
© Éditions Gallimard Jeunesse, 2015, pour la présente édition

Introduction

Juillet 2013

Ce livre est né pour raconter l'histoire d'une fille courageuse : Malala Yousafzai.

Courageuse, parce qu'il n'est pas facile de défendre ses droits quand les autres – plus grands, plus forts, plus autoritaires que soi – ont une vision des choses entièrement différente.

Malala a élevé la voix pour défendre ce en quoi elle croyait, et elle l'a fait non seulement pour elle, mais pour les autres filles, en risquant tout, puisqu'elle a même risqué sa vie. Le 9 octobre 2012, on lui a tiré dessus, alors qu'elle allait à l'école dans la vallée de Swat, au Pakistan. Elle avait quinze ans, et elle voulait simplement apprendre. Mais certaines personnes pensaient que, pour les filles, l'instruction n'était pas un droit.

J'ai écrit sur Malala tout d'abord dans les pages du journal pour lequel je travaille, et maintenant dans ce livre. Il m'a été utile de bien connaître un pays complexe et fascinant comme le Pakistan, mais l'histoire de Malala, que je n'avais pas eu l'occasion de rencontrer personnellement au moment où j'écrivais ce livre, touche également à quelque chose d'universel et de profond : elle parle à chacun d'entre nous.

Lorsque Malala était à l'hôpital, des centaines d'enfants et de jeunes de tous les âges, de toutes les religions, de toutes les nationalités lui ont envoyé des lettres et des dessins colorés, l'aidant ainsi à trouver la force de recommencer à vivre.

Six mois après l'attentat, elle a pu reprendre ses études en Grande-Bretagne, tandis que de nouvelles menaces de mort lui arrivaient du Pakistan. Mais avant même de sortir de l'hôpital, elle recommençait à faire entendre sa voix, plus forte encore qu'auparavant, pour défendre le droit à l'instruction et à la liberté d'expression.

En 2013, Malala a été citée parmi les favoris pour le prix Nobel de la paix. Cette histoire ne concerne pas qu'elle, cependant. En ce moment, beaucoup d'autres Malala au Pakistan et à travers le monde essaient de trouver le courage de parier sur leurs rêves, et de lutter contre les injustices.

Au cours de mes recherches, alors que je consultais des articles de journaux, des interviews, des vidéos et des documentaires (on trouvera mes sources principales à la fin du livre), je suis tombée sur un dessin, un de ceux qui avaient été envoyés à Malala lorsqu'elle était à l'hôpital. Fait au crayon, il montrait une petite maison, des arbres, le soleil et une fillette, avec une flèche au-dessus de sa tête et l'inscription : *Malala*.

Je ne sais pas s'il venait du Pakistan, ou d'un autre pays du monde.

Je sais simplement que ce dessin représente une petite fille normale, et non pas une héroïne avec un masque, une cape et des pouvoirs magiques.

Mon plus grand espoir, c'est que les pages qui suivent puissent inspirer beaucoup d'autres lettres et dessins comme celui-ci, qu'elles fassent voyager les lecteurs dans une partie du monde encore lointaine, qu'elles les aident à découvrir les ressemblances au-delà des différences. Mon plus grand espoir, c'est que le courage de Malala soit contagieux.

Décembre 2013

J'ai rencontré Malala Yousafzai dans sa maison de Birmingham, et j'ai été heureuse de la voir feuilleter *L'histoire de Malala* pour la première fois. Elle a regardé les illustrations de Paolo D'Altan une par une, et s'est arrêtée quelques instants sur un dessin qui représente Mingora, la ville où elle est née il y a seize ans, et qu'elle a dû quitter l'année dernière, après que les talibans ont tenté de la tuer. Malala a souri, cependant, en repensant aux beaux souvenirs qu'elle garde de sa terre.

Puis elle m'a parlé de sa nouvelle école : une des différences est qu'à présent elle étudie beaucoup plus sérieusement l'histoire européenne. « Est-ce que je peux te poser une question ? Est-ce que Mussolini avait l'appui des Italiens ? » m'a-t-elle demandé. Elle m'a confié que l'une de ses matières préférées était la physique, mais qu'elle préférait sa partie abstraite et philosophique à sa partie appliquée.

Un grand nombre d'enfants et de jeunes Italiens m'avaient donné des lettres à lui remettre. Avant de retourner dans sa chambre pour finir ses devoirs, Malala m'a demandé de lui traduire en anglais certaines des phrases écrites dans ces lettres. L'une d'elles disait : *JNe crois pas que tu es seule.*

Viviana Mazza.

Octobre 2014
Malala reçoit le prix Nobel de la paix,
devenant ainsi la plus jeune des lauréats
de l'histoire du prix.

La perdrix grise sait déjà, aujourd'hui,
ce qui lui arrivera demain.
Et pourtant, elle tombe dans le piège,
capturée par une bande de garnements.

Khushal Khan Khattak
(poète et guerrier pachtoun, 1613-1689).

Coups de feu

9 octobre 2012

– C'est fini !

Zakia monte dans le petit bus de l'école. Elle pose son sac à dos en soupirant et s'appuie contre le dossier du siège. Les questions du devoir d'ourdou qu'elle vient de rendre continuent de lui tourner dans la tête. Ce n'est pas une langue difficile. L'anglais l'est certainement davantage. Mais ce matin-là, elle n'a pas réussi à se concentrer.

Tout en bavardant, les filles, enveloppées dans de grands châles sombres, se serrent les unes contre les autres dans le minibus, qui n'a rien à voir avec les cars scolaires jaunes des films américains. C'est un pick-up blanc : un fourgon avec une cabine séparée pour le chauffeur et un espace derrière, recouvert d'une bâche en plastique pour se protéger du vent.

Les filles entrent par l'arrière, et s'asseyent sur les planches qui forment des espèces de bancs. Par moments, quand le chauffeur, Usman, accélère, elles ne savent pas comment se retenir, et risquent de tomber les unes sur les autres, dans un mélange de peur et de fou rire général.

Malala monte à bord, et s'assied à côté de Zakia. Puis Laila arrive, souriante comme toujours, et prend place près de Malala.

Laila et Malala sont très amies, et bien que n'ayant respectivement que treize et quinze ans, elles ont déjà les idées claires sur ce qu'elles feront plus tard : elles seront médecins. Zakia, en revanche, a seize ans, mais elle hésite encore.

– … douze, treize… et quatorze, compte une des trois enseignantes qui les accompagnent.

La dernière élève au fond du pick-up ferme les rideaux verts à l'arrière. C'est le départ. Les filles sont gaies et se mettent à chanter une vieille chanson populaire :

Avec une goutte de sang de mon amoureux
Versée pour défendre la mère patrie,
Je ferai un petit point rouge sur mon front,
Et ce sera si beau
Que les roses du jardin en pâliront d'envie.

Zakia est pensive. Elle regarde fixement les rideaux qui oscillent au vent, seule ouverture sur le monde extérieur, dans ce petit fourgon sans vitres. En ondulant, le tissu laisse entrevoir la route poussiéreuse de Mingora. Tout est noyé dans un nuage jaunâtre, mais on distingue quelques silhouettes au-dehors, dans les rues animées de midi.

Un homme marche, courbé, un grand sac sur l'épaule, et un petit enfant dans les bras.

Deux jeunes passent rapidement sur une moto.

Quelques rickshaws bleu et vert sont arrêtés le long des rues, d'autres avancent dans la circulation.

Les camions sont couverts de fines décorations florales et géométriques.

Mingora n'a pas perdu sa joie de vivre. Elle a gardé son esprit de ville frontière du nord du Pakistan.

Les boucles qui pendent aux oreilles de Laila oscillent d'avant en arrière, d'avant en arrière, comme les rideaux du fourgon. Zakia ne peut pas s'arrêter de penser au devoir qu'elle a fait en classe.

– Dis-moi, comment est-ce que tu as répondu à l'exercice numéro trois, celui où il fallait compléter des phrases ? demande-t-elle à Malala, l'une des filles les plus studieuses.

– La question sur la vérité ? Il fallait répondre : « *Aap ko sach kehna hoga* » : « Tu dois dire la vérité ».

– *Dire* la vérité… Voilà, je le savais ! Une expression gênée passe fugitivement derrière la monture noire des lunettes de Zakia. Moi, j'ai écrit *khana* au lieu de *kehna* !

– C'est pas vrai ! Tu as écrit « Tu dois *manger* la vérité » ? s'esclaffe Laila.

Et Zakia aussi laisse échapper un sourire.

Puis son regard revient aux boucles d'oreilles de Laila : il y a quelques instants encore elles bougeaient, maintenant elles sont immobiles.

Elle se tourne vers les rideaux : eux aussi ont cessé d'onduler.

Et soudain, ils s'ouvrent.

Tout se passe en un instant. Un jeune barbu passe la tête dans l'habitacle.

– Laquelle d'entre vous est Malala ? crie-t-il, en dévisageant chaque fille.

Il a un pistolet à la main, et elles se mettent toutes à hurler.

– Taisez-vous ! ordonne-t-il.

Alors elles se taisent.

Zakia a l'impression de l'avoir déjà aperçu dans la rue, peu auparavant, sur la moto qui est passée à toute allure. Mais elle n'est sûre de rien, la peur lui brouille la vue.

– Qui est Malala ? répète-t-il. Répondez immédiatement ou je vous tue toutes ! Malala a insulté les soldats de Dieu, les talibans, et elle sera punie.

Dans le silence, la question résonne comme une condamnation à mort. Malala, qui aurait voulu dire tant de choses, semble paralysée par la peur, elle a la gorge nouée et ne trouve même pas assez d'air pour respirer.

Zakia s'aperçoit que certaines filles se sont tournées vers leur amie aux grands yeux noisette.

Le regard de l'homme au pistolet aussi s'arrête sur Malala. Personne n'a rien dit, mais il doit avoir compris. Il la fixe.

Quelques secondes.

Et les coups de feu éclatent, sourds, sans pitié.

Un, deux, puis un autre, un autre encore.

La tête de Malala se balance mollement en arrière.

Son corps tombe sur le côté et s'effondre dans les bras de Laila, comme au ralenti.

Du sang sort de son oreille.

Laila hurle.

Son cri est interrompu par une balle qui l'atteint à l'épaule droite, puis par une autre à la main gauche, avec laquelle elle essayait de se protéger.

Zakia aussi ressent une forte douleur, il lui semble que son bras et son cœur vont éclater.

Sur le monde entier tombe l'obscurité.

Mingora

La petite ambulance file, précédée et suivie de sa propre sirène. Elle laisse derrière elle le pick-up aux sièges tachés de sang, avec les sacs à dos éparpillés par terre. Il y en a un qui représente Hannah Montana entourée de petits cœurs, le micro à la main, comme si elle allait se mettre à chanter.

L'ambulance traverse rapidement la ville, qui continue à s'agiter, à exister.

Le lit d'un canal sans eau, d'où émergent des pierres sombres et des tas d'ordures.

Un poste de contrôle militaire.

Les devantures des magasins avec des sacs de riz en vente entassés sur le seuil.

Les enseignes des pensions, les pancartes des cafés Internet, la publicité pour Pepsi.

Le croisement de Khooni Chowk, la «place de Sang» où les talibans exposent les cadavres de ceux qui ont osé contredire leurs ordres.

Et les conversations des gens dans la rue :

– C'était une petite fille !

– Le gouvernement doit arrêter les responsables !

– Comment avoir confiance dans les autorités ? Il y a déjà eu vingt victimes cette année, et personne n'a rien fait !

L'ambulance s'arrête.

Les infirmiers sortent le brancard sur lequel Malala est allongée.

De loin, on pourrait croire simplement qu'elle dort, si elle n'était couverte d'un drap blanc souillé de rouge.

On pousse le brancard dans les couloirs. L'odeur, impossible à confondre, est celle de l'hôpital, de gens qui attendent, inquiets.

Parmi les visages, on entrevoit les moustaches noires du père de Malala. L'air égaré, il serre la main de sa fille.

Son père l'accompagne toujours quand les infirmiers transportent le corps de Malala dans un hélicoptère de l'armée, qui décolle aussitôt.

Si seulement Malala pouvait ouvrir les yeux, elle verrait les maisons, les mosquées, les hôtels, blanc et marron, qui d'en haut semblent tous pareils, devenir de plus en plus petits au milieu de la nature.

Sa ville, encore pâle après la guerre entre les talibans et l'armée, se repose comme un malade en convalescence, au sein des collines couvertes de pins.

La grande rivière Swat l'effleure, faisant pousser de vigoureux pommiers et abricotiers au pied des âpres pics montagneux de l'Hindou Kouch.

Si Malala pouvait voler, elle voudrait redescendre doucement en planant à travers les nuages, puis caresser les feuilles jaune d'or des arbres, sentir sur sa peau la vapeur des cascades qui ruissellent entre les rochers.

Un jour, leur professeur leur a raconté que, lors d'une visite dans la vallée de Swat, il y a très longtemps, la reine d'Angleterre avait remarqué : « C'est la Suisse du Pakistan. » Et les élèves, qui n'étaient jamais allées en Suisse, avaient pensé que si leur pays était vraiment aussi beau que Swat, les Suisses avaient bien de la chance.

Si seulement Malala pouvait respirer à pleins poumons, elle sentirait l'air frais, si particulier, du mois d'octobre, qui annonce l'arrivée de l'hiver.

Mais à présent, son esprit est ailleurs.

Trois ans auparavant

Bombes

Janvier 2009

Les pales de l'hélicoptère tranchent l'air. Le bruit est de plus en plus fort, de plus en plus fort, de plus en plus fort. Puis les tirs de mitrailleuses commencent, et tout de suite après, les bombes tombent.

Malala se réveille en sursaut.

« Encore ce mauvais rêve », pense-t-elle, assise dans son lit, sonnée. Il ne l'avait plus tourmentée depuis plusieurs jours.

La vérité, cependant, est que ce ne sont pas simplement des rêves : elle a beau avoir les yeux ouverts, elle entend les mêmes bruits, elle éprouve la même angoisse. Depuis des mois, les hélicoptères survolent sans cesse sa maison.

Après avoir observé un instant les riches entrelacs dorés de sa couverture pourpre, Malala se recouche sur le côté droit, le dos à la fenêtre, et ferme les yeux, en essayant de se rendormir au rythme des hélices : si elle écoute attentivement, elle arrive à savoir combien il y en a. Mais ce n'est pas comme compter les moutons. Ça ne l'aide pas à s'assoupir.

La première fois que les hélicoptères ont survolé la ville de Mingora, au début de la guerre, elle s'est cachée sous le lit avec ses petits frères Khushal Khan et Atal Khan.

Un jour, les soldats ont lancé des bonbons de là-haut, et ils ont continué à le faire pendant un certain temps. De sorte que chaque fois que les enfants du quartier les entendaient arriver, ils sortaient dans la rue. Mais l'armée a dû épuiser ses provisions de bonbons, car elle a continué à tirer, un point c'est tout.

Malala a beau savoir que ce n'est pas eux que les soldats cherchent, et qu'ils donnent la chasse aux talibans qui se cachent sur les monts enneigés, elle sait aussi que, si par erreur un missile ratait son objectif, il pourrait atteindre sa maison et les anéantir.

Dans le journal, on pourrait alors lire : *Malala Yousafzai, onze ans, élève au collège, tuée avec ses petits frères, sa mère et son père.* Titre : « Dommages collatéraux ».

Mais les hélicoptères ne sont que le dernier des problèmes qui affligent sa vallée de Swat adorée.

Depuis la fin de l'année 2007, les talibans et l'armée se combattent sans qu'aucun des deux n'arrive à prendre le dessus sur l'autre. Douze mille soldats occupent Mingora, équipés de chars d'assaut. On dit que leurs ennemis ne sont que trois mille, pourtant les soldats n'arrivent pas à les débusquer.

Les gens ont peur, car en attendant, les talibans

imposent leurs « édits », c'est-à-dire leurs ordres, à toute la population.

Ils le font souvent en distribuant des tracts dans la rue, comme au moment où ils ont mis la musique hors la loi.

Toute personne travaillant dans un centre de musique ou un café Internet, et tous les vendeurs de CD sont informés qu'ils doivent changer de travail dans les trois jours et se repentir de leurs mauvaises actions, sous peine de voir leurs magasins détruits par une bombe.

À la tombée de la nuit, les talibans s'adressent à la population en parlant à la radio. Une radio pirate, qui émet sans autorisation et que les gens surnomment Mollah FM. Quelques jours plus tôt, ils ont annoncé :

À partir du 15 janvier, les filles ne doivent plus aller à l'école. En cas de désobéissance, leurs gardiens et les institutions scolaires seront considérés comme responsables.

Ils ne plaisantent pas. Ils ont déjà détruit cent cinquante écoles en un an, uniquement parce qu'elles étaient fréquentées par des filles.

Pour la famille de Malala, cette nouvelle est doublement accablante : son père, Ziauddin Yousafzai, dirige une école de filles. Comment pourront-ils tenir ? Pendant quatorze ans, l'école a non seulement alimenté leur esprit, mais rempli leur estomac.

– Malala, le petit déjeuner est prêt !

C'est déjà le matin, après une autre nuit passée à compter ses peurs.

Des œufs sur le plat l'attendent, servis avec *da warro dodai*, le pain aplati qui, dans la vallée de Swat, est souvent fait avec de la farine de riz. Tant qu'elle le peut, sa mère semble décidée à bien nourrir ses enfants.

Malala mange, mais elle s'inquiète déjà en pensant au chemin qu'elle doit faire pour aller à l'école.

Il reste encore douze jours exactement avant la fin de l'ultimatum des talibans exigeant la fermeture des écoles, mais même avant, quelqu'un pourrait lui lancer de l'acide à la figure.

On dit que c'est déjà arrivé à deux petites filles.

Comme un objet jeté dans le feu, la peau, au contact de l'acide, se dissout et se déforme, de même que les yeux, le nez et les oreilles. On devient méconnaissable, sans parler de la douleur. C'est l'un des châtiments dont les talibans menacent ceux qui n'obéissent pas à leurs ordres.

L'uniforme de l'école est bleu foncé. Il a un col rond et un liséré blanc. Il descend jusqu'aux genoux et se porte sur un pantalon clair. Quand il fait froid, on enfile un pull rouge par-dessus. Et, en dernier, l'ample châle sombre, qu'on met sur la tête et qui enveloppe les épaules.

Comme toujours, sa mère a repassé son uniforme et l'a accroché, bien en vue, dans sa chambre. Malala l'aime beaucoup, et après le déjeuner elle s'apprête à le mettre. Mais elle se rappelle aussitôt que la directrice leur a demandé de se présenter avec leurs vêtements de tous les jours pour ne pas se faire remarquer. Elle choisit donc la tunique qu'elle préfère, la rose.

Puis elle prend son petit sac à dos à l'effigie de Harry Potter, et se dirige vers l'école, qui n'est qu'à un quart d'heure de chez elle.

Tandis qu'elle avance dans ses sandales bleues sur le bitume, elle pense que partout dans le monde, à cette même heure, beaucoup d'autres filles vont à l'école. Pourtant, les talibans affirment que les élèves comme elle iront en enfer.

Elle marche calmement, d'un pas régulier, longeant les murs de brique qui entourent les jardins des maisons. Certains sont protégés par du fil barbelé. Des touffes rebelles de buissons et quelques cimes d'arbres dépassent des murs.

Son père préfère ne pas l'accompagner. Il ne veut pas attirer l'attention et risquer de la mettre en danger, car il est connu, à Mingora.

Plusieurs de ses camarades ont mis des vêtements aux couleurs vives, ce jour-là. En classe, l'atmosphère est si chaleureuse ! Mais au cours de la réunion du matin, la directrice, Mme Aghala, leur recommande de mettre des habits moins voyants le lendemain.

– Dis-moi la vérité, Malala. Est-ce que les talibans vont attaquer l'école ? lui demande Asmaa, une élève plus jeune, au bord des larmes.

Malala ne sait que répondre.

Seize chaises sur vingt-sept sont vides.

Trois de ses meilleures amies sont déjà parties avec leur famille, elles se sont installées à Peshawar, Lahore et Rawalpindi, des villes plus sûres, loin de Mingora.

Zakia aussi est partie : son père était instituteur à l'école primaire d'un village près de Mingora, et sa mère était infirmière, mais les bombardements de l'armée, d'un côté, et les barrages routiers des talibans, de l'autre, les ont poussés à mettre leur famille en sécurité. Ailleurs.

Malgré tout, Malala trouve la force de répondre à la petite Asmaa :

– Ne t'inquiète pas. Tout se passera bien si nous restons unies.

Il faut du courage pour demeurer dans la vallée, et même si elle est presque une petite fille encore, Malala sait déjà qu'elle ne peut se permettre d'avoir l'air inquiet ou effrayé.

Et puis son père lui a donné le nom d'une guerrière : Malalai de Maiwand, qui a vécu cent cinquante ans auparavant dans la région. En réalité, elle habitait en Afghanistan, mais, à l'époque, les frontières entre le Pakistan et l'Afghanistan n'existaient pas.

Malalai, fille de berger, avait dix-sept ou dix-huit ans, et était sur le point de se marier, quand les Anglais ont envahi l'Afghanistan. Le père de Malalai et son fiancé sont allés les combattre et elle les a suivis pour soigner les blessés, apporter de l'eau et des armes aux combattants.

Un jour, au cours d'un affrontement dans un endroit du nom de Maiwand, l'un des porte-drapeaux a été tué, et les troupes afghanes ont commencé à perdre espoir. Malalai a couru alors dans le champ de bataille, a retiré le voile qui lui couvrait les cheveux, en a fait un drapeau et s'est mise à chanter :

Avec une goutte de sang de mon amoureux
Versée pour défendre la mère patrie,
Je ferai un petit point rouge sur mon front,
Et ce sera si beau
Que les roses du jardin en pâliront d'envie.

La fierté de Malalai a fait rougir de honte les hommes qui avaient commencé à se retirer, et les a encouragés à continuer le combat.

Elle a été tuée. Mais grâce à son geste, son peuple a gagné la bataille.

Malala et ses amies entonnent souvent cette chanson : elle est la preuve qu'une fille courageuse peut faire des choses extraordinaires.

Colin-maillard

En revenant de l'école, j'ai entendu un homme derrière moi dire : « Je vais te tuer. » Alors j'ai pressé le pas, et au bout d'un moment je me suis retournée pour voir s'il continuait à me suivre. Mais à mon grand soulagement, j'ai vu qu'il parlait dans son portable. Il menaçait quelqu'un d'autre.

Depuis quelques jours, Malala a commencé à tenir un journal dans lequel elle raconte ses journées. Elle le lit au téléphone à Jawad, qui prend des notes.

Jawad, un ami de son père, est journaliste. Il voulait trouver une fille qui écrive une espèce de blog sur le site Internet d'une importante télévision britannique : un journal qui fasse comprendre au monde entier à quel point la vie dans la vallée est devenue difficile.

Le père de Malala a demandé à des parents de laisser leur fille participer à l'expérience, mais ils ont tous refusé. Ils ont peur, et on ne peut pas leur en vouloir.

Aussi, à la fin, a-t-il suggéré à son ami :

– Et pourquoi pas Malala ?

– Elle est trop jeune, a répondu Jawad.

– Ma petite Malala peut y arriver !

Malala veut y arriver : elle veut sauver son école.

Chaque fois qu'elle doit recevoir l'appel de Jawad à l'heure fixée, elle insère dans son téléphone portable une carte SIM, qu'elle ôte entre-temps par mesure de sécurité, pour qu'on ne puisse pas la retrouver. C'est Jawad qui lui a recommandé de le faire.

Le journaliste a inventé également un pseudonyme sous lequel Malala signe son journal : Gul Makai.

En dehors de sa mère, de son père et de Jawad, personne ne doit connaître sa véritable identité. C'est leur secret.

Aujourd'hui, mon père nous a dit que le gouvernement protégerait les écoles. Le Premier ministre aussi l'a promis. Au début j'étais contente, même si maintenant je pense que ça ne résoudra pas le problème. Ici, dans la région de Swat, nous apprenons chaque jour que des soldats ont été tués ou enlevés. Mais on ne voit jamais la police.

C'était vendredi après-midi, et je n'avais pas cours, alors j'ai joué tout le temps. Le soir, j'ai allumé la télé : il y a eu des explosions à Lahore. Je me suis dit : « Pourquoi est-ce qu'au Pakistan ce genre de choses continue d'arriver ? »

Aujourd'hui, nous sommes en vacances. Je me suis réveillée assez tard, vers dix heures du matin, et j'ai entendu mon père parler de trois autres cadavres trouvés à côté de la place Verte. Je me suis sentie triste.

Les conversations entre Malala et le journaliste ne durent que quelques minutes. Elles sont si brèves qu'elle a l'impression de ne jamais parvenir à expliquer la complexité de la réalité. Ou de ne pas se rappeler tous les détails.

Par exemple, ce matin, son père a cité aussi le nom d'une femme tuée sur la place Verte. Shabana. Et ce nom est entré dans ses pensées.

Son père s'obstine à continuer à l'appeler place Verte, même si plus personne ne le fait. Les habitants de Mingora l'ont rebaptisée place de Sang : c'est là que les talibans exhibent les cadavres de ceux qui ont désobéi à leurs ordres. En guise d'avertissement à tous les passants. Et les gens ne parlent que de ça.

Qui sait ce qu'a bien pu faire Shabana pour finir ainsi.

– Surprise !

Une nuée d'enfants a entouré Malala, encore plongée dans ses pensées. L'oncle Zeeshan et toute sa famille sont arrivés. Ils ne se sentaient plus en sécurité chez eux, à la campagne, où les combats sont encore plus féroces qu'à Mingora. Aussi, après avoir aidé sa mère à accomplir les taches ménagères, et après avoir fait tous ses devoirs, Malala passe l'après-midi à jouer avec ses cousins entre les hauts murs de brique de la cour, en essayant de ne pas écraser les roses du jardin et de ne pas renverser le linge qui sèche.

Son père lit le journal dans un coin, et les poules grattent le sol.

Malala se sent un peu responsable, car elle a onze ans, elle est la plus grande, mais à la fin elle se laisse entraîner par l'insouciance des petits et s'amuse avec eux.

Le jeu préféré de ses cousins est colin-maillard. On bande les yeux de Malala avec une écharpe nouée derrière sa nuque, et elle doit essayer d'attraper les autres en courant.

Les talibans aussi se couvrent le visage quand ils infligent leurs punitions.

Un jour, Malala a regardé sur l'ordinateur l'une des vidéos qu'ils distribuent dans la rue : le « coupable » avait été couché face contre terre devant la foule, tandis que trois ou quatre hommes cagoulés le maintenaient immobile. Et un cinquième lui frappait le dos avec un fouet en cuir épais.

– Un ! Deux ! Trois ! compte Malala, les yeux bandés, pour donner à ses cousins le temps de s'éloigner avant qu'elle se mette à les chercher.

– Un ! Deux ! Trois ! hurlait la foule des spectateurs de la vidéo, comptant chaque coup de fouet.

Malala n'arrive pas à comprendre pourquoi les gens vont sur les places assister à ce genre de spectacle.

Sur une autre vidéo, elle a vu un petit enfant au premier rang. Il devait avoir cinq ans au maximum, le même âge que son frère Atal. Là, les « coupables », les yeux bandés, avaient été alignés les uns à côté des autres. Pour être fusillés.

Le sort le plus atroce, cependant, est toujours réservé aux hommes politiques, aux policiers et aux militants. Ils sont décapités, et on les laisse exposés là, leur tête posée sur leur ventre. Parfois, il y a également un petit écriteau menaçant : *Quiconque enlèvera ce cadavre avant demain subira le même sort.* Peut-être qu'ils ont fait ça à Shabana aussi.

Mais, pour le moment, Malala s'efforce de ne penser ni aux talibans ni aux injustices.

Elle tourne sur elle-même jusqu'à ce qu'elle perde le sens de l'orientation : ça fait partie du jeu. Ensuite, elle doit reprendre l'équilibre et courir le plus vite possible.

Histoires

Ils prient, la paume de leurs mains ouvertes devant leur visage. Puis ils dînent assis par terre, en tailleur, au pied des divans du salon. La mère de Malala a préparé du ragoût de bœuf au curry, et du riz en abondance.

Malala a mis la nappe bleue sur la moquette et la belle vaisselle, car il y a des invités. Elle fait les honneurs de la maison. Après le repas, elle sert du thé au lait.

Ensuite, son père s'assied sur le divan et, comme chaque soir, essaie de régler sa petite radio portative.

Tout est normal, mais ce n'est plus la même normalité, depuis un an et demi. À l'époque, on allait se promener après le dîner. Cela paraît si loin à Malala. À présent, il est dangereux de sortir après le coucher du soleil.

Alors on reste chez soi à écouter la radio. Une radio sans musique, qui ne transmet que les prières des talibans.

– Je n'y arrive pas, ce soir, dit le père de Malala.

Mais il continue d'essayer : il tourne le bouton sur le côté droit de l'appareil, tandis que tout le monde tend l'oreille pour entendre la voix familière de Maulana Fazlullah, le chef des talibans, ou celle de son second, Maulana Shah Dauran.

Son père ne fait pas partie de leurs admirateurs, bien sûr, mais il les écoute pour connaître les intentions des « miliciens », et voir comment il peut protéger sa famille et son école.

– L'armée doit avoir bloqué la fréquence, observe Sajid, un ami de son père qui est venu se joindre à eux après le dîner.

Sajid est également le professeur d'anglais de Malala. Il dit toujours qu'il s'organise pour aller vivre au Canada, mais il ne part jamais.

Il habite à Shakardara, un village au nord de Mingora, et c'est la première fois depuis au moins quinze jours qu'il vient les voir, l'armée ayant enfin suspendu le couvre-feu.

– Formidable ! Tu vas pouvoir revenir donner des cours, s'exclame Malala.

Mais son sourire s'efface à l'idée que son école pourrait bientôt ne plus exister.

– Malala, Malala, on regarde les photos ?

Heureusement, ses cousins sont toujours là, et elle essaie de se distraire un peu avec eux. Ils meurent d'envie de feuilleter de vieux albums. Ils s'amusent à lui poser mille questions :

– Et qui c'est, celui-là ?

– Et comment il s'appelle, lui ?

– Qu'est-ce que vous faisiez, là ?

Malala aussi aime bien regarder les photos du passé, au fond, surtout celles des pique-niques en famille.

C'est une tradition chez les Yousafzai. Ou du moins, c'en était une.

Pour ses cousins, surtout pour les plus petits, qui sont nés pendant la guerre, regarder les photos tandis que Malala décrit ces endroits, entendre ces histoires d'un monde en paix qu'ils n'ont jamais connu, c'est comme écouter des contes de fées avant de s'endormir.

– Ça, c'est Marghazar. Le célèbre «Palais Blanc», tout en marbre, où le prince de Swat passait l'été avant que la vallée soit rattachée au Pakistan.

– Et ça, c'est le parc de Fiza Ghat. On avait mangé tellement de poisson, ce dimanche-là, qu'on avait l'impression qu'on allait éclater ! On regardait sans cesse les montagnes… car… écoutez-moi bien… il y a un trésor plein d'émeraudes caché à l'intérieur.

– Ça, c'est Kanju…

À Kanju, deux enfants ont été blessés, quelques mois plus tôt, dans un poste de police. Un homme est entré et s'est mis à tirer sur les agents. Ces enfants, on ne sait pas comment, ont été pris dans la fusillade.

Mais cela, Malala ne le raconte pas à ses cousins.

– C'est l'heure d'aller se coucher ! se contente-t-elle de dire en refermant l'album.

Sa mère s'est déjà retirée dans sa chambre, comme toujours lorsque des hommes qui ne font pas partie de la famille viennent à la maison.

– Petits garnements, allez vous coucher vous aussi, dit son père à ses fils.

Elle, en revanche, elle a le droit de rester veiller tard la nuit.

Soudain, Malala regarde le paysage par la fenêtre : le crépuscule lui semble lourd de prémonitions.

Le chef des talibans, Maulana Fazlullah, se cache quelque part sur les hauteurs. C'est de là qu'il parle à la radio, c'est de là qu'il se déplace pour frapper ses ennemis.

Les montagnes deviendront bientôt invisibles, et les petites lumières de Mingora s'allumeront timidement, l'une après l'autre, comme si elles ne voulaient pas se faire trop remarquer.

Derrière chacune de ces lueurs légèrement voilées, il y a beaucoup de familles comme la sienne, réunies autour d'un repas et de leurs propres histoires. Soudain, Malala comprend quelque chose de très important : les talibans peuvent ouvrir le feu, bombarder, jeter de l'acide à la figure des gens, mais ils ne peuvent pas tout détruire. Ils ne peuvent pas effacer les souvenirs heureux.

Mollah FM

Maulana Fazlullah : les adultes finissent toujours par parler de lui, quelle que soit la façon dont la conversation commence. C'est le chef des talibans de la vallée de Swat, et lorsqu'il s'agit de lui, on n'arrive plus à distinguer la réalité de la fiction.

Quand il était jeune, il travaillait au petit télésiège qui a été construit pour traverser la rivière, et il était prédicateur à la mosquée. Aujourd'hui, il a une trentaine d'années.

D'après certains, il connaît le livre sacré du Coran par cœur, d'après d'autres, ce n'est qu'un mystificateur qui n'a jamais fini ses études.

Le bruit circule qu'il aurait épousé la fille de son maître, un religieux important qui incitait les jeunes à participer à la « guerre sainte » en Afghanistan. Mais il l'aurait prise pour femme sans demander la permission à son père, de peur qu'il ne la lui refuse.

On dit qu'il se déplace toujours monté sur un cheval blanc.

Une seule chose est sûre : c'est la radio qui a fait sa fortune.

Grâce à la radio, Maulana Fazlullah a réussi à toucher une énorme audience.

Il s'est introduit jusque dans les cuisines et les chambres à coucher, a convaincu les femmes qui vivent dans la crainte de Dieu et les jeunes chômeurs. C'est pour cela que les gens de la vallée l'ont surnommé Radio Mollah et qu'ils appellent sa radio « Mollah FM ».

Au début, ses prédications s'en tenaient à des considérations générales. Il recommandait de prier cinq fois par jour et de ne pas commettre de péchés. Il critiquait la corruption du gouvernement et la guerre des Américains en Afghanistan.

— Mais pourquoi est-ce qu'autant de gens le suivent, Sajid ? demande Malala.

— Excellente question !

« Sajid parle comme un prof, même quand il n'est pas en classe », pense son élève en souriant.

— Tu sais, poursuit-il, au début, beaucoup de gens croyaient que Maulana Fazlullah était une sorte de Zorro, qu'il avait simplement une longue barbe qui lui couvrait la moitié du visage, au lieu d'un masque. Et qu'à la place du chapeau, il portait un turban noir. Ou mieux encore, ils le prenaient pour une espèce de Robin des Bois. Il promettait du travail aux chômeurs et de la terre à cultiver aux ouvriers agricoles qui n'avaient rien. Ventre plein, justice sur la terre et paradis dans l'au-delà. Qu'est-ce que tu veux de plus dans la vie ? Voilà le mirage que Fazlullah vendait.

Malala observe son professeur : assis sur le divan, si maigre, avec ses longs cheveux qui n'ont pas été coupés depuis des mois, Sajid semble consumé par ses pensées.

– Gare aux mirages, Malala. Et tu sais pourquoi ? Parce que, quand tu te réveilles, tu te retrouves seul, sans eau, au milieu du désert. Mais les gens ont cru au mirage de Fazlullah !

Certains lui ont offert de l'or et de l'argent, d'autres de l'huile, d'autres encore du sucre, ou du ciment et des briques. Les femmes lui ont donné leurs bijoux, symboles de leur honneur et de leur indépendance économique. Il a également pris certains biens tout seul, sans demander l'autorisation à personne : comme le terrain derrière la rivière, non loin de Mingora, où, grâce à tous ces dons, il a construit une grande madrassa, une école religieuse à deux étages. Pendant des années, les autorités ont laissé faire : personne ne l'a arrêté.

À mesure que le nombre de ses disciples augmentait, cependant, Maulana Fazlullah devenait de plus en plus rigide et intolérant. Et il a commencé à tout interdire.

La liste est longue.

Regarder des films ou la télévision : interdit.

Écouter de la musique ou danser : péché.

Se raser : usage occidental à bannir.

Les vaccins contre la poliomyélite : un complot américain.

Il n'y a pas un seul aspect de la vie, y compris la mode féminine, sur lequel le chef des talibans n'ait eu à redire.

Ainsi, la mode vestimentaire de Swat ne lui convient pas. À la différence d'autres endroits du nord du Pakistan, la burqa n'y a jamais été très en vogue. Lorsqu'elles sortent de chez elles, sur leur pantalon et leur tunique les femmes mettent une sorte de tchador, habituellement blanc, qui couvre la tête et enveloppe le corps, nommé *parroney* dans la région. Les petites filles portent le *saadar*, un châle plus court, en laine, l'hiver et en coton ou en lin, l'été. À l'intérieur de la maison, en revanche, on met une écharpe plus légère, qu'on appelle *lupata* en pachto et *dupatta* en ourdou.

Cela ne suffit pas à Fazlullah. Il préfère la burqa, avec son minuscule rectangle de grillage devant les yeux. D'ailleurs, le mieux est de ne pas sortir du tout, la place des femmes étant à la maison. Voilà ce que prônent les talibans.

– C'est du terrorisme au nom de la religion, déclare le père de Malala. Je l'ai dit au barbier aussi, ce matin, quand il a refusé de me couper la barbe. Pourquoi est-ce que vous ne pensez pas avec votre propre tête ? Vous avez tous besoin de travailler et d'entretenir vos familles. Vous voulez être de bons musulmans ? Eh bien, allez à la mosquée, priez, jeûnez pendant le mois du jeûne. Voilà ce que je lui ai dit. Mais il n'a pas réagi.

Sajid écoute, enfoncé dans le divan aux ramages rouges et verts, le regard triste et lointain.

– La vérité, mon cher Ziauddin, c'est que les gens commencent à se réveiller et qu'ils voudraient dire à Maulana Fazlullah et à ses adeptes : « Avec tout notre respect, partez ! » Mais il est trop tard. Ils sont trop nombreux, et ils sont partout. Ils allument d'immenses feux où ils font brûler les téléviseurs, les magnétoscopes et les ordinateurs. Ils se postent aux carrefours et ordonnent aux automobilistes de démonter leurs autoradios. Ils tuent les vieillards pour priver la communauté de ses sages et de sa mémoire, ils détruisent même des mosquées quand leurs mollahs ne les soutiennent pas. Ils sont prêts à défigurer nos femmes avec de l'acide. Ils veulent effacer notre culture.

Quand elle entend les discours des talibans, Malala ressent de véritables coups au cœur : leur ultimatum pèse sur elle et sur les cinquante mille filles qui vont à l'école dans la vallée de Swat comme un compte à rebours, au bout duquel les attend un saut dans le vide.

Malala ne sait pas ce qui lui fait le plus peur : aller à l'école, jour après jour, ou ne plus pouvoir jamais s'y rendre, après le 15 janvier.

Il ne reste plus qu'une semaine : et après ?

Les questions explosent dans sa tête.

Les réponses ne viendront pas ce soir-là.

Elle souhaite donc bonne nuit à tous et va se coucher en espérant pouvoir dormir sans faire de cauchemar.

Les filles

Problème numéro un. Un autobus parcourt 280 kilomètres le premier jour, 950 kilomètres le deuxième jour, et 390 kilomètres le troisième jour.

Problème numéro deux. Un fruitier vend 100 kilos de fruits le lundi, 50 kilos le mardi...

Le seul chiffre sur lequel Malala arrive à se concentrer, ce matin-là, c'est le 6 : le nombre de jours qu'il reste avant que l'interdiction d'ouvrir les écoles de filles entre en vigueur.

Isaac Newton la regarderait de travers. Son portrait est accroché à l'entrée, au-dessus des bancs où les filles laissent leurs sacs à dos avant de courir en classe, et où certaines des plus petites enlèvent aussi leur voile. À partir de l'école primaire, toutes les élèves de cette école sont des filles.

Les frères de Malala, Khushal et Atal, qui ont respectivement dix et cinq ans, vont dans un autre établissement.

Pour Malala, l'école est comme une seconde maison. Lorsqu'elle était plus jeune, et que ses frères n'étaient pas encore nés, sa mère et son père vivaient dans un appartement coincé entre deux classes. Malala passait ses journées à courir et à jouer entre les bancs. Pendant les cours, elle s'asseyait au milieu des filles plus grandes qu'elle. Les yeux brillant de curiosité, elle écoutait les instituteurs.

Au fil des ans, elle a appris beaucoup de choses.

Maintenant elle est en septième année, ce qui correspond à la cinquième, elle écrit des rédactions, participe à des débats avec ses camarades, étudie les mathématiques, les sciences et plusieurs langues.

Outre l'ourdou, la langue dans laquelle la plupart des cours se font, elle apprend le pachto, la langue des Pachtouns, que sa famille et la majorité de la population du nord du Pakistan parlent à la maison. En anglais, elle est parmi les meilleures de sa classe, et pendant l'heure de religion musulmane, on lui enseigne également un peu d'arabe.

Elle connaît de nombreux poèmes, en ourdou et en pachto, qui parlent d'amour et d'aventure.

Chez elle, elle en a appris certains depuis qu'elle est toute petite, car son père a une véritable vénération pour le poète Khushal Khan Khattak, au point qu'il a donné son nom aussi bien à l'école qu'à l'un de ses frères. Khushal, c'est-à-dire Félix, « heureux ». C'est sans aucun doute un prénom plus gai que celui de Malala, qui signifie « affligée par la douleur » !

Mais tous les poèmes ne sont pas gais. Il y en a un, par exemple, qui dit :

Qu'elles s'épanouissent dans la plaine
Ou qu'elles poussent sur les montagnes,
Les fleurs du printemps,
Dans toute leur splendeur,
Perdront à la fin leurs pétales.

Parfois, Malala se réfugie dans les livres, les poésies les plus mélancoliques étant encore préférables aux incertitudes du présent. Mais aujourd'hui, pendant la récréation, Laila lui sourit et lui lance, avec sa bonne humeur habituelle :

– Assez d'histoires tristes !

« Heureusement qu'il me reste Laila », se dit Malala, en souriant à son tour à son amie.

Beaucoup d'habitants de Mingora pensent sans doute : « Heureusement qu'il nous reste le père de Laila », car il est boulanger, et continue à pétrir le pain pour les gens, au lieu de s'en aller.

Il est démoralisant de voir les commerçants de la ville fermer boutique les uns après les autres, même si certains, comme les parents de Laila, résistent.

– Raconte-moi comment tu as passé Muharram, demande Laila.

Pour le début du Nouvel An musulman, la fête de Muharram, elles ont eu quelques jours de vacances.

– Nous avons fait un tour dans le district de Buner, répond Malala. Tu y es déjà allée ? C'est très beau. Si paisible ! Personne ne tire de coups de feu, là-bas, personne n'a peur. On a pique-niqué exactement comme avant, il y avait mes oncles et mes petits cousins, aussi.

– Dans le Buner, il y a le mausolée de Pir Baba, non ? C'est vrai que l'eau de la source soigne les lépreux ? demande Laila avec curiosité.

– Je ne sais pas, mais il y avait beaucoup de monde. Certains étaient là pour prier : on dit que Pir Baba exauce les vœux des pèlerins avant même qu'ils s'inclinent sur sa tombe. D'autres se promenaient. Nous, on est aussi allés faire un tour dans les échoppes du bazar.

– Tu as acheté quelque chose ? Montre-moi !

– Non, je n'ai rien vu qui me plaise. Ma mère, elle, s'est acheté une paire de boucles d'oreilles et des bracelets.

– Mais comment pouvez-vous parler de choses aussi futiles ? les interrompt brusquement Fatima. Vous n'avez pas entendu parler de Shabana ?

« Shabana », se répète mentalement Malala : le nom qu'elle n'arrive pas à chasser de ses pensées.

– Shabana, la danseuse qui se produisait aux mariages, explique Fatima. Ils sont allés la chercher chez elle, l'autre nuit. Ils ont frappé. « Qui est-ce ? » a-t-elle demandé. « Nous voulons réserver des danses pour une fête. » Elle les a crus et leur a ouvert la porte, toute contente. Alors les voisins ont entendu ses cris.

– C'étaient les talibans ? demande Malala.

– Oui, ils l'ont frappée, ils lui ont arraché ses longs

cheveux noirs. « Tu dois mourir ! » disaient-ils. La mère de Shabana est arrivée en courant, elle les a suppliés d'épargner sa fille, elle a juré qu'elle ne danserait plus jamais. « Tais-toi, la vieille ! » ont-ils répondu, et ils lui ont craché à la figure. (Fatima continue son récit sans plus pouvoir s'arrêter, comme un fleuve en crue.) La mère de Shabana les a suivis pieds nus, elle les a rattrapés dans la rue, a continué de les supplier, sans se soucier du froid ni des débris de verre sur les pavés. Quand ils sont arrivés à la place de Sang, Shabana n'a demandé qu'une chose… (Fatima reprend son souffle quelques secondes, et cette courte pause semble durer une éternité à Malala et à Laila.)… elle a demandé qu'au lieu de lui trancher la gorge, on lui tire dessus. C'est la seule chose qu'ils lui ont accordée, tandis que sa mère s'écroulait à genoux devant eux. Le lendemain, le cadavre de Shabana était place de Sang. Pour la bafouer, ils ont jeté sur elle des billets de banque, des CD de ses spectacles et des photos arrachées à son album.

Malala et Laila se taisent.

Elles n'ont plus de questions à poser. Elles ne veulent pas en connaître les réponses.

La sonnerie retentit.

C'est la fin de la récréation. Et la fin de l'illusion de pouvoir être deux filles normales, ne serait-ce que pour un jour.

Le marché

Chaussures, vêtements, jouets, bijoux, parfums, soutiens-gorge, vernis à ongles, débordent des étals : c'est le Cheena Bazar, le « bazar de la Source ».

Avant, à Mingora, on l'appelait le « marché des femmes », sauf que maintenant les femmes ne peuvent plus y aller.

Il y a quelques mois encore, Malala et sa mère, Toorpekai, y achetaient du tissu pour les divans du salon ou l'uniforme scolaire.

Pour Aïd-el-Fitr, la fête de la fin du ramadan, le bazar était toujours plein de clientes en quête de cadeaux. Et le jour de l'Indépendance, les rues du marché étaient décorées de milliers de petits drapeaux pakistanais, de guirlandes de feuilles et de fleurs.

Plus maintenant.

Ce n'est plus la même chose, depuis que les talibans ont interdit aux femmes d'aller faire des courses. Dans la rue qui mène au marché, on peut lire sur une banderole accrochée bien en vue entre deux immeubles :

On demande aux femmes d'éviter de faire des achats au Cheena Bazar. Les hommes devraient y aller à leur place.

C'est un ordre.

Aussi Malala et sa mère n'approchent-elles plus du bazar et y envoient-elles Ziauddin quand c'est indispensable. Celui-ci raconte y avoir vu des maris, des frères ou des pères, perplexes, rester des heures debout devant un étalage de chaussures, à essayer de se rappeler les indications que les femmes leur ont données. À leurs yeux, ces chaussures sont toutes pareilles ! Mais ils ne peuvent pas rentrer les mains vides, ni acheter un objet qui ne corresponde pas à ce qu'elles ont demandé.

Sa mère rit :

– Je sais bien, dit-elle. C'est pour ça que je t'y envoie uniquement quand je ne peux pas faire autrement !

Les commerçants souffrent de la situation, ils restent assis à regarder leurs boutiques à moitié vides en attendant des clientes qui ne viendront pas. À présent, ils arrivent tout juste à payer le loyer et l'électricité.

Ceux qui vendaient des produits de beauté, des parfums, de la lingerie, reçoivent des lettres d'intimidation.

Mais on dit aussi que certains ont bénéficié des aides des talibans pour payer un loyer moins élevé :

les miliciens ne veulent peut-être pas se mettre entièrement les commerçants à dos.

Quoi qu'il en soit, cela ne change pas grand-chose. Le marché est désormais quasiment désert, et l'activité fortement ralentie.

Les femmes restent enfermées à la maison, trop effrayées non seulement pour faire des courses, mais aussi pour mettre le nez dehors quand ce n'est pas indispensable.

Au début, les talibans s'en sont pris aux danseuses et aux musiciens, les obligeant à ne plus travailler et à publier des annonces dans les journaux, où ils promettaient de mener une vie pieuse. Après ce qui est arrivé à Shabana, quelqu'un a écrit à l'entrée de chez elle : *Nous avons cessé de danser. S'il vous plaît, ne frappez pas à la porte.*

Ensuite, ils ont commencé à critiquer toutes les femmes qui travaillaient. Ils les ont obligées à porter la burqa, qui les couvre de la tête aux pieds.

Mme Bibi, qui fait le ménage dans l'école de Malala et aime mettre des châles à fleurs colorés, se plaint toujours :

– Je manque d'air.

Elle n'est pas la seule.

– J'ai l'impression d'être un cheval avec des œillères, s'est exclamée, exaspérée, Mme Shahi, qui enseigne à l'école primaire.

Pour sa part, l'institutrice la plus jeune, Sharisa, essaie de dédramatiser :

– J'ai deux identités, exactement comme Spider-man ! dit-elle à ses élèves, en s'extrayant de son enveloppe de tissu, toute décoiffée.

Désormais, sortir de chez soi, c'est prendre de grands risques.

On raconte qu'une maîtresse d'école, dont la seule faute était d'avoir voulu continuer à travailler malgré les interdictions, a été capturée et qu'on l'a forcée à mettre des anneaux autour de ses chevilles avec des clochettes, comme si elle était une prostituée. Ensuite, elle a été tuée.

Il est plus difficile, en revanche, d'empêcher les infirmières de travailler : tout le monde a besoin d'elles dans les hôpitaux, même les talibans et leurs femmes. On les a quand même obligées à porter des « vêtements musulmans », en affichant des messages de menaces sur leurs portes. Il n'est vraiment pas facile de soigner des malades en burqa, mais à qui pouvaient-elles demander protection ? Aux policiers qui, par centaines, ont quitté leur travail, en l'annonçant avec leurs noms et prénoms dans les journaux pour ne pas être tués ? Alors, les infirmières ont obéi. Certaines ont même fini par y croire, comme une des aides de la mère de Zakia. « Notre royaume, c'est la maison. Je ne suis pas mariée, malheureusement, mais si je l'étais, je sacrifierais même mon mari et mes enfants, je donnerais tout pour la cause de Maulana Fazlullah. »

La mère de Zakia aurait voulu lui expliquer qu'elle faisait une erreur, mais elle a craint d'être dénoncée.

Elle a préféré faire ses valises et quitter Swat avec son mari et sa fille.

Souvent, à la tombée de la nuit, les talibans diffusent à la radio une série de noms : ceux des « coupables », qui méritent la mort, et ceux des « repentis », que l'on peut épargner.

Parfois, dans la liste des repentis, il y a des infirmières, des institutrices et des étudiantes qui ont arrêté de travailler, d'enseigner ou de faire des études.

Tous ces noms ne sont que des trophées de chasse à exhiber. Et chaque nom de femme qui est lu à la radio est celui d'une femme qui disparaît : des marchés, des écoles, du travail, de la vie.

Caméras de télévision

Malala entrouvre les yeux juste ce qu'il faut pour voir le réveil.

Il est à peine plus de cinq heures. Elle a été brusquement tirée du sommeil par les explosions habituelles, suivies du chant agité du coq. Il s'est peut-être réveillé en sursaut, lui aussi.

Alors qu'elle essaie de se rendormir, car il est encore trop tôt pour aller à l'école, elle a l'impression d'entendre le portail grincer. Elle s'efforce aussitôt de sortir de sa torpeur, et s'habille en hâte. Elle s'inquiète pour son père.

Sa mère a mis une échelle sous la fenêtre de leur chambre à coucher, pour qu'il puisse s'enfuir si les talibans viennent le chercher la nuit.

Malala couvre ses longs cheveux d'un châle en laine marron et s'enveloppe dedans. De ses sandales bleues sortent ses ongles vernis de rouge. Elle se précipite dans l'entrée, et reste dans la pénombre. Dehors, dans la cour, elle voit un homme qui parle avec son père. Tous deux discutent avec animation.

Ces derniers temps, Malala aussi a imaginé plusieurs moyens de sauver son père.

L'un de ces plans consiste à courir dans la salle de bains et à appeler la police (en espérant qu'elle arrive à temps).

Un autre prévoit de cacher son père dans le cellier en souhaitant que personne n'aille le chercher là.

Elle pourrait aussi lui faire mettre les vêtements de sa mère, en prenant garde à ce qu'il couvre soigneusement son visage et ses moustaches (la burqa est l'idéal, dans ce cas, mais sa voix grave risque de le trahir).

Malala s'approche de la porte entrouverte qui donne sur la cour.

Ni l'homme ni son père ne se sont aperçus de sa présence, ils continuent à discuter.

Malala s'approche encore un peu, en essayant de ne pas faire de bruit.

Ce visage lui paraît familier.

Enfin, elle pousse un soupir de soulagement.

C'est Jawad, le journaliste !

Soudain, elle se souvient : aujourd'hui, c'est le 14 janvier. Jawad est venu tourner un documentaire sur les écoles de filles, mais il essaie de convaincre Ziauddin de lui permettre de filmer également la vie quotidienne de Malala.

Au début, son père s'y oppose : il ne veut pas mettre en danger sa fille et sa famille. Puis il cède : le monde doit savoir ce qui se passe à Swat.

Le journaliste est arrivé en pleine nuit de Peshawar avec un cadreur pakistanais, en évitant les routes principales. Alan, en revanche, le reporter américain qui est à l'origine du projet, n'est pas là : Mingora est une ville trop dangereuse pour un étranger. Dans ces circonstances, donner l'hospitalité et un refuge à Jawad est un devoir pour le père de Malala : il en va de son honneur de Pachtoun.

– *Assalam alaikum*, dit Jawad peu après, en demandant la permission d'entrer chez Malala.

– *Walaikum Assalam ! Pakhair Raghley !* J'espère que vous venez en paix, répond-elle, comme le veut l'usage quand un invité entre dans la maison.

Le cadreur commence aussitôt à tourner.

Malala se sent mal à l'aise, même si ce n'est pas la première fois qu'elle se trouve devant une caméra.

Il y a plus d'un an, son père l'avait emmenée à l'agence de presse de Peshawar. La salle était pleine d'envoyés spéciaux de journaux, le carnet à la main, et de reporters de la télévision, la caméra à l'épaule. Ils discutaient et fumaient dans un brouhaha permanent.

Lorsque Malala avait été invitée à parler, elle avait été surprise elle-même d'entendre que ses propres mots, simples et fiers, sortaient sans effort de sa bouche.

– Comment osent-ils me retirer le droit d'aller à l'école ? s'était-elle exclamée en regardant les caméras.

Elle imaginait les Pakistanais assis devant leurs téléviseurs, et essayait de s'adresser à chacun d'entre eux en ourdou, pour que tout le monde puisse la comprendre.

Et aux talibans qui, elle en était certaine, l'écouteraient, elle avait déclaré :

– Même si vous arrivez à fermer les écoles, vous n'arriverez pas à m'empêcher d'apprendre.

Mais là, c'est différent : cette caméra la suit même dans la salle de bains ! Qui cela peut-il bien intéresser de la voir se laver les dents ?

– Sois naturelle, Malala, lui dit Jawad, dont elle voit le reflet dans le miroir au-dessus du lavabo. Ne regarde pas l'objectif.

Comme si c'était facile !

Son père, en revanche, semble parfaitement à l'aise, tandis qu'il parle aux journalistes, assis en tailleur sur le tapis.

– Je suis un idéaliste, ou peut-être un fou, mais quand mes amis me demandent pourquoi je ne veux pas quitter la vallée de Swat, je réponds que cette terre m'a tant donné que je ne peux pas l'abandonner maintenant que les temps sont difficiles. Quel ami serais-je si je m'en allais à présent ? Il est de mon devoir de guider les gens pour les sortir de cette situation. Et si je devais mourir… eh bien, autant mourir pour ça, il n'y aurait pas de meilleure cause.

Malala s'accroupit à côté de lui. Sa mère s'est volatilisée, comme toujours lorsque des hommes étrangers à la famille sont là. Malala, elle, étant encore une enfant, peut circuler librement entre le monde des femmes et celui des hommes. Elle sait qu'elle va bientôt grandir et devenir une femme, elle aussi.

– Aujourd'hui, c'est ton dernier jour d'école. Comment te sens-tu ?

La question de Jawad, accompagnée du regard de la caméra, ramène Malala au présent, à ce 14 janvier.

– J'ai peur. Je veux étudier, je veux devenir médecin.

Ses yeux se remplissent de larmes, elle baisse la tête et se couvre le visage d'une main. Mais son père, assis à sa gauche, lui dit tendrement :

– Détends-toi, ne t'inquiète pas.

Et il lui donne la force de reprendre le fil de ce qu'elle disait.

– Je veux être médecin, c'est mon rêve. Mon père, lui, préférerait que je fasse de la politique. Mais je n'aime pas la politique.

– C'est parce que je vois un grand potentiel chez ma fille, intervient Ziauddin, d'une voix plus solennelle. Elle peut être plus qu'un médecin. Elle peut aider, elle peut créer une société dans laquelle un étudiant en médecine pourra obtenir facilement un doctorat.

Oui, son père a des espérances différentes des siennes. Mais Malala sourit, parce que les paroles de son père et l'orgueil qu'elle voit dans ses yeux l'aident à se sentir plus forte.

Elle doit affronter l'une des journées les plus difficiles de sa vie. Son avenir, elle y pensera plus tard.

Le dernier jour

L'armée a proposé de placer des soldats devant l'école, mais le père de Malala a refusé : si les talibans veulent la fermer par la violence, ce n'est pas par la violence qu'il la gardera ouverte.

– Nous sommes entre les mains de Dieu, dit-il toujours.

Lorsqu'elle pousse la grille en fer noir, suivie de Jawad et du cadreur, Malala entend ses camarades chanter l'hymne national dans la cour, comme chaque jour à huit heures précises, avant la réunion du matin.

Bénie soit la terre sacrée
Heureux soit le royaume généreux,
Toi, symbole de résolution,
Ô terre du Pakistan !

Malala cherche Laila des yeux. Ce n'est pas difficile, les filles n'étant qu'une vingtaine en tout.

Après l'hymne, la directrice annonce officiellement le début des vacances d'hiver. À cette période de l'année, il y a toujours une pause d'une quinzaine de jours avant les examens. Mais cette fois, c'est différent.

De temps en temps, le discours de la directrice est interrompu par le bruit d'explosions rapprochées.

Les plus jeunes élèves sont très ébranlées, mais une certaine perplexité se lit aussi sur le visage de Laila : si Mme Aghala a parlé du début des vacances, elle n'a pas dit quand elles finiraient.

Ce n'est évidemment pas un hasard.

« Alors c'est vrai ? C'est le dernier jour d'école ? La dernière fois que nous nous retrouvons toutes ensemble entre ces murs, la dernière fois que nous nous asseyons sur ces bancs où notre amitié est née ? » pense Malala, tandis que Fatima, essoufflée, rejoint les autres.

– Mes parents et mes frères voulaient me garder à la maison aujourd'hui, chuchote-t-elle à l'oreille de Malala. Mais j'ai attendu qu'ils soient tous sortis pour courir jusqu'ici en cachette. Ils veulent qu'on quitte la vallée, poursuit-elle. Ils sont convaincus que l'école ne rouvrira plus jamais.

Les journalistes suivent les petites élèves en haut des escaliers, tandis qu'elles passent devant la 7eA, puis entrent dans la salle de la 5eA.

Pendant la récréation, Jawad les rejoint dans la cour. Comment se sentent-elles ? Que pensent-elles ?

Fatima qui, la veille, a lu un discours spécial à sa classe, court chercher son cahier pour le répéter devant les journalistes.

Aujourd'hui, elle porte un *kameez partoog*, c'est-à-dire une tunique et un pantalon, garnis de décorations dorées qui lui donnent l'air d'être beaucoup plus âgée qu'elle ne l'est, et lorsqu'elle se couvre le visage d'un voile noir, « par sécurité », comme le suggère Jawad, elle est méconnaissable.

Sept autres de ses camarades se mettent les unes à côté des autres, derrière elle, comme un petit bataillon, pendant que Fatima lit et que la caméra la filme.

– Respectable directrice, le titre de mon discours est : « La situation à Swat ». La vallée de Swat est le paradis sur terre, et il se trouve au nord-ouest du Pakistan. La vallée de Swat est la terre des cascades, des luxuriantes collines vertes et d'autres dons de la nature. Mais, mes chers amis, depuis quelques années, Swat est devenue un centre de militants islamistes pakistanais. Aujourd'hui, cette terre idyllique et pacifique brûle.

Fatima élève alors la voix, comme si, pour éviter de pleurer, elle avait décidé de crier.

– Pourquoi la paix de cette vallée a-t-elle été détruite ? Pourquoi l'objectif est-il de frapper des gens innocents ? Pourquoi détruire notre avenir ? Les écoles ne sont plus des lieux d'enseignement, mais des lieux de peur et de violence. Qui résoudra nos problèmes ? Qui rendra la paix à notre vallée ? Moi, je pense que personne ne le fera. Personne. Nos rêves ont été brisés, et laissez-moi vous le dire, nous sommes à bout de forces.

Dans la cour, un petit garçon de maternelle l'écoute, lui aussi, entre les murs vert d'eau surmontés de la balustrade en fer. On ne comprend pas ce qu'il fait là, tout seul, mais personne ne se le demande : un jour comme celui-ci, toute logique semble disparaître.

Au-delà de la balustrade, on ne voit que les monts au loin. Malala repense aux moments où elle-même était toute petite, et où elle regardait avec curiosité les filles plus grandes qu'elle, assises en classe, en train d'écouter les cours.

– Vallée de Swat ! crie-t-elle, se laissant gagner par l'enthousiasme.

Aussitôt, ses camarades reprennent en chœur :

– *Zindabad !*

– Vallée de Swat ! répète Malala.

Et les autres, d'une seule voix, crient encore une fois :

– *Zindabad !* qui signifie « Qu'elle vive à jamais ! » et retentit comme un serment solennel qu'elles se font les unes aux autres.

La sonnerie marque la fin de la récréation. Ce n'est pas une vraie cloche, mais un disque de métal accroché dans la cour qu'une enseignante frappe avec un petit marteau.

Aujourd'hui, elle sonne plus tard que d'habitude.

Mme Aghala les a laissées jouer plus longtemps que les autres fois. Peut-être est-ce son cadeau pour le dernier jour d'école ?

Avant de rentrer chez elles, les amies s'embrassent plus chaleureusement que jamais. Et malgré leur tristesse, elles rient, un peu parce qu'elles sont excitées par l'objectif de la caméra que Jawad fixe sur elles, un peu pour éloigner la solitude qui, elles le savent bien, succédera à ce moment. En la serrant contre elle, Malala fait une promesse solennelle à Fatima :

– Il faudra peut-être du temps, mais un jour notre école rouvrira.

Lorsqu'elle franchit la grille et qu'elle la referme derrière elle, elle s'exclame à haute voix :

– Au revoir, classe !

Dès que la caméra cesse de la filmer, cependant, elle se retourne un instant pour observer le bâtiment qui jusqu'alors a été sa seconde maison.

Et elle sent que c'est peut-être vraiment la dernière fois qu'elle en a passé le seuil.

L'ennui

Si, un an plus tôt, quelqu'un lui avait dit : « Les vacances deviendront pénibles, et même insupportables », Malala ne l'aurait pas cru. Et pourtant, maintenant, elle s'ennuie.

Toutes les journées sont pareilles. Elles commencent et finissent par de longues nuits d'explosions qui la réveillent sans arrêt.

Le matin, elle peut même se lever à dix heures, comme elle le fait depuis le lendemain de la fermeture de l'école, mais à quoi bon si elle doit rester enfermée à la maison ?

L'occupation la plus excitante, et qui cesse très rapidement de l'être, est de jouer aux billes dans la cour avec ses cousins.

Le *soap opera* qu'elle préfère, *Un jour mon prince viendra m'épouser* a été interrompu au moment le plus intéressant : les talibans ont bloqué les réseaux satellites juste quand Rani et Yudi, après toutes sortes de péripéties, erreurs de personnes et innombrables regards languissants, allaient finalement se marier. Au village, la jeune fille avait même présenté le garçon à sa mère et à sa grand-mère. Mais au palais, il y avait toujours la marâtre du prince qui complotait dans l'ombre contre lui.

Malala ne saura sans doute jamais comment ça finira.

L'après-midi, des professeurs viennent lui donner quelques leçons particulières, pour qu'elle ne prenne pas de retard sur les programmes.

Parfois, Malala joue un peu avec son ordinateur, mais ça ne l'amuse pas tellement.

Elle pourrait commencer à lire un autre livre. Elle vient de finir *L'Alchimiste* de Paulo Coelho, et une phrase du vieux Salem est restée gravée dans son esprit : *Quand tu veux quelque chose, l'univers entier conspire à te permettre de réaliser ton désir.*

Quant à aller en classe, il n'en est plus question.

En cinq jours, les talibans ont rasé cinq écoles, dont l'une juste à côté de chez elle.

– Nous ne pouvons pas prendre le risque, dit son père. Nous retournerons à l'école quand les talibans annonceront à la radio qu'ils autorisent toutes les filles à y aller.

Lui aussi, qui a espéré jusqu'à la fin que Fazlullah changerait d'idée, a choisi la prudence.

La mère de Malala se dépêche de parler d'autre chose :

– J'aime bien ton nom secret, Gul Makai.

Son père acquiesce.

– Tu sais, il y a quelques jours, la directrice, Mme Aghala, m'a apporté une copie imprimée de ton journal. Elle m'a dit : « Cette fille est vraiment douée » ; j'aurais voulu lui répondre que c'était toi, mais je ne pouvais pas. Je me suis contenté de sourire.

– À partir de maintenant, appelons-la Gul Makai, propose sa mère. Je n'ai jamais aimé ce prénom triste de Malala.

Gul Makai signifie « fleur de maïs », et c'est également le nom de l'héroïne d'une ancienne histoire d'amour pakistanaise : celle de Gul Makai et de Musa Khan, une fille et un garçon qui se rencontrent et tombent amoureux l'un de l'autre. Mais leurs tribus étant opposées à leur union, un peu comme dans l'histoire de Roméo et Juliette, une guerre éclate. Gul Makai, cependant, ne se laisse pas abattre. Sans perdre courage, elle se rend chez les chefs religieux et, citant le Coran, elle parvient à les convaincre que cette guerre n'a aucun sens. Les religieux interviennent et incitent les tribus à rétablir la paix. Gul Makai et Musa Khan ont ainsi pu couler des jours heureux.

L'idée de changer le prénom de Malala n'était qu'une boutade. Il est évident que ses parents ne le feront jamais : l'identité de Gul Makai doit rester secrète. D'ailleurs, lorsque Laila arrive, ils arrêtent tous d'en parler. Les deux amies vont aussitôt dans la chambre de Malala, où son uniforme est accroché à un clou et son sac à dos appuyé contre le mur. Sur un meuble, on remarque les prix qui lui ont été décernés à l'école, posés à côté de son ordinateur.

Les amies s'asseyent sur des chaises en plastique et se penchent sur la table basse. Elles ouvrent leurs livres et essaient de se concentrer sur les chapitres qu'elles doivent étudier pendant les vacances. Mais comment pourraient-elles faire semblant de rien ?

– À ton avis, est-ce que les talibans nous laisseront passer les examens de février ? demande Laila.

– Je ne sais pas, répond Malala.

À l'école, chaque année, le nom de l'élève qui obtient les meilleures notes aux examens est inscrit sur un tableau. Elle imagine que, cette fois, il restera vide.

– Ces derniers jours, ils ont détruit encore cinq écoles. Ce que je ne comprends pas, c'est pourquoi, s'exclame-t-elle. Elles étaient déjà fermées. Personne n'est plus allé aux cours après le jour fixé.

– Selon moi, ils l'ont fait par vengeance, essaie d'expliquer Laila. J'ai entendu dire que l'armée a tué l'oncle de Maulana Shah Dauran. Les talibans agissent toujours de la même façon. Chaque fois qu'ils sont touchés, ils se vengent sur nos écoles. Et les soldats, qu'est-ce qu'ils font ? Rien. Ils restent assis dans leurs baraquements en haut des collines, ils égorgent des brebis et mangent à volonté.

Comme son père est boulanger et que beaucoup de gens passent dans sa boutique, Laila entend continuellement ce que les adultes racontent sur les talibans. Mais il arrive que les bruits qui courent ne soient pas vrais.

Ainsi, il y a quelques jours, elle était convaincue que Maulana Shah Dauran, le bras droit de Fazlullah, était mort. Alors qu'en réalité il est bien vivant.

Et qu'il parle sans arrêt à la radio.

Il recommande aux femmes de rester chez elles, il leur interdit d'aller au marché. C'est d'autant plus absurde que, avant de devenir taliban, il avait lui aussi un étal au bazar.

Il avertit les auditeurs que les écoles, aussi bien de filles que de garçons, qui seront utilisées comme bases de l'armée, seront attaquées.

Il annonce que trois voleurs seront fouettés et invite tous les gens de la ville à assister au « spectacle ».

« Mais pourquoi est-ce que les soldats ne nous défendent pas ? » se demande Malala. « Pourquoi est-ce qu'ils n'arrêtent pas les talibans ? Ils savent pourtant où les trouver… là où ont lieu les exécutions publiques, par exemple. »

Cela semblerait logique, comme les problèmes de mathématiques que Malala et Laila doivent résoudre pendant les vacances. Mais les comportements des adultes, parfois, se fondent sur des calculs différents, et sont réellement incompréhensibles.

En voyage

Le seul aspect positif de la guerre à Swat est que le père de Malala s'est mis à emmener sa famille en voyage plus souvent qu'à l'accoutumée. Ils vont voir des parents et des amis : ils essaient ainsi de reprendre leur souffle, la tension étant de plus en plus forte, et l'air irrespirable dans la vallée.

Bientôt, ils se rendront enfin à Islamabad, la capitale. Leur père le leur a promis, et Malala meurt d'envie d'y aller.

Malala a toujours désiré voyager : elle sait si peu de choses sur ce qui se trouve au-delà des montagnes et des vallées du nord du Pakistan. Bien sûr, elle a beaucoup appris dans les livres, mais elle voudrait voir ces villes et ces paysages de ses propres yeux.

Maintenant que le moment de partir arrive, cependant, elle est inquiète. Pour sortir de la vallée, il faut passer les barrages routiers des talibans, qui arrêtent les voyageurs et les perquisitionnent en les menaçant de leurs fusils d'assaut AK-47.

Pendant le trajet, Malala scrute le paysage, à l'affût

de postes de contrôle de miliciens. Mais quand elle en voit un, elle remarque aussitôt que les hommes n'ont ni la barbe longue ni le turban, comme elle s'y attendait : ils portent un uniforme vert. Ce sont les soldats de l'armée pakistanaise.

Ils font descendre Ziauddin.

Ils lui demandent d'ouvrir les valises.

Assise à l'arrière, Malala essaie de rester calme.

Ce n'est qu'après que la voiture s'est éloignée de la vallée, laissant derrière elle tous ces fusils et le panneau de bienvenue *Souris, tu es à Swat*, que Malala ferme enfin les yeux et se détend.

Ziauddin et sa famille s'arrêtent à Peshawar, pour prendre le thé chez des parents avant de reprendre la route vers la vallée de Bannu.

Assise sur un lit de corde, Malala regarde dehors : le pré est bordé de buissons verts et de plaqueminiers qui ont perdu leurs feuilles et leurs fruits. Son frère Atal joue dans le jardin. Son père s'approche de lui et lui demande, curieux :

– À quoi joues-tu ?

– Je creuse une tombe, répond Atal, comme si c'était la chose la plus naturelle du monde.

Son père le regarde en silence.

Pour aller à Bannu, Malala et sa famille prennent un car à la gare. Il est si vieux qu'il semble avancer par miracle. Le chauffeur donne sans arrêt des coups de klaxon, ce qui n'empêche pas son frère Khushal, celui qui a dix ans, de dormir tranquillement, la tête appuyée contre l'épaule de sa mère.

« Il a de la chance, il dormirait même debout ! » pense Malala, quand un terrible grondement le réveille en sursaut.

– Une bombe ? demande Khushal effrayé.

Non, ce n'était qu'un nid-de-poule dans la chaussée. Au moment où la roue du car est entrée dedans, le chauffeur a appuyé de toutes ses forces sur le klaxon, amplifiant le bruit.

Une fois à Bannu, un ami de leur père les attend à la gare.

Ils visitent tous ensemble le marché, puis le parc. Malala, cependant, n'arrive pas à se concentrer sur les étoffes ni sur les autres marchandises. Ce sont les femmes qui attirent son attention : elle en voit tellement dans la rue, toutes couvertes des pieds à la tête d'encombrantes burqas bleues et blanches. Même sa mère en a mis une pour sortir. Malala, elle, a refusé.

– Je n'y arrive pas. Vous voulez que je me cogne contre quelqu'un ?

À Swat, on raconte qu'un jour, une femme en burqa a trébuché et est tombée par terre.

Un inconnu lui tend alors la main pour l'aider à se relever. « Mon frère, rien ne ferait plus plaisir à Maulana Fazlullah », répond-elle, en refusant son aide. Si elle avait accepté, ils auraient risqué de finir tous les deux sous les coups de fouet des talibans.

Plus tard, sur la route qui relie Bannu à Peshawar, Laila téléphone à Malala.

C'est le 2 février.

Le jour où l'école aurait dû rouvrir ses portes après les vacances. C'est du moins ce qui avait été prévu avant que les talibans imposent leurs règles.

— Les combats, ici à Swat, sont de plus en plus terrifiants. Et toi ? Tu reviendras ? lui demande Laila.

— Oui, répond Malala. Ce n'est qu'un voyage. Nous rentrerons bientôt !

— Mon père dit que, rien qu'aujourd'hui, trente-sept personnes sont mortes dans les bombardements. Trente-sept… Il vaut peut-être mieux… que tu ne reviennes pas.

Lorsqu'ils arrivent à Peshawar, il est déjà tard le soir. Ils passent sous les branches squelettiques des arbres et se rendent chez des parents qui habitent la ville. Ils sont fatigués. Malala allume la télévision : au journal télévisé, on parle justement de la vallée de Swat.

Ce sont les images, plus encore que les mots, qui la frappent.

Les gens quittent Mingora à pied, portant leurs pauvres biens dans des sacs.

Un autobus rouge, avec l'inscription *Allah* sur le côté, est tellement bondé que des passagers sont assis sur le toit. Ils sont prêts à tout pour partir.

Et puis des camions défilent, des pick-up, des tracteurs

chargés de familles en fuite. L'un d'eux transporte même une vache à l'arrière.

Le père de Malala s'assied à côté d'elle, un châle en laine sur les épaules, un livre sur les genoux.

«En général, les gens ne quittent pas leur maison de leur plein gré, réfléchit Malala. Seuls la pauvreté ou l'amour les poussent à s'enfuir si rapidement.»

Ces scènes sont trop tristes. Malala change de chaîne.

– Nous vengerons l'assassinat de Benazir Bhutto, dit une femme sur l'autre chaîne.

Benazir Bhutto a été la première femme à prendre le pouvoir au Pakistan, en 1988, neuf ans avant la naissance de Malala.

Au milieu des années 1970, le père de Benazir était le Premier ministre du pays. Pendant que sa fille faisait des études à l'étranger, il a été arrêté et pendu. Benazir a suivi ses traces, s'est lancée dans la politique, puis est devenue Premier ministre à son tour.

Plus tard, elle est accusée de corruption. Clamant son innocence, elle quitte le Pakistan. Elle revient en 2007, mais un tireur isolé ouvre le feu sur elle alors qu'elle parle dans un meeting électoral où elle est acclamée par la foule. Une explosion suit. Ce soir-là, Benazir perd la vie.

Les autorités ont montré les talibans du doigt, mais le gouvernement pakistanais a été accusé de ne pas l'avoir protégée.

Le pays regorge d'histoires de complots et de violence. Mais Malala continue de penser à sa vallée.

Tout le monde s'en va, désormais, non seulement les plus riches, mais les plus pauvres aussi, qui n'arrivent même pas à acheter de chaussures à leurs enfants.

Comme Mme Bibi, qui venait faire la lessive une fois par semaine. Elle a décidé de quitter Mingora et de retourner avec sa famille dans son petit village : « J'ai assisté à trop d'atrocités. Je n'arrive plus à voir la beauté de la vallée. »

Ziauddin tient sa promesse, et le lendemain, ils arrivent dans la capitale. Malala reste bouche bée.

Elle trouve la ville splendide, avec ses petites maisons bien rangées, ses rues larges, ses monuments majestueux, et ses habitantes qui vont travailler. Pourtant, il manque quelque chose : la beauté d'Islamabad est artificielle, et non pas naturelle comme celle de Swat.

Ils visitent le musée de Lok Virsa : statues, vases, objets traditionnels. À Swat aussi, il y a un musée semblable, mais qui sait s'il résistera aux combats.

À la sortie, ils achètent du pop-corn à un vieux marchand. Le père de Malala lui demande s'il est d'Islamabad.

– D'Islamabad ? réplique l'homme en pachto. Comment un Pachtoun pourrait-il se sentir chez lui dans cette ville ? Je viens de Momand. Là-bas, les gens se battent, c'est pour ça que j'ai dû quitter ma terre et venir ici.

Pendant qu'ils l'écoutent, Malala s'aperçoit que ses parents ont les yeux pleins de larmes.

Il manque quelque chose dans cette ville, et ce n'est pas seulement la nature.

Islamabad n'est pas Swat. Ils ne se sentent pas chez eux.

«Est-ce que je voulais partir pour découvrir le monde, ou est-ce que je voulais simplement fuir?» Tandis que Malala se demande quelle est la réponse la plus honnête, elle se rend compte qu'elle a une terrible nostalgie de la beauté de sa terre, et s'écrie :

– Papa, je suis prête à retourner là-bas.

Home, sweet home

Armée, talibans, missiles, artillerie, police, hélicoptères, morts, blessés : voilà les seuls mots, désormais, que les gens ont à la bouche. Peut-être qu'une amnésie collective a effacé les autres.

Les rues se vident chaque jour davantage, les maisons sont dévastées par les bombardements, les magasins ferment de plus en plus tôt. Il y a même eu un cambriolage chez Malala et sa famille pendant qu'ils étaient en voyage.

– C'est ma faute : ils se sont servis de l'échelle que j'avais appuyée à la fenêtre pour que papa puisse s'enfuir, dit Toorpekai. Autrefois, une chose pareille aurait été impensable à Mingora. Grâce à Dieu, il n'y avait ni argent ni bijoux ! Ils n'ont pris que la télévision.

Ce n'est pas un drame. La télé n'est plus une distraction depuis longtemps : elle ne diffuse que de mauvaises nouvelles. Mais c'était quand même une fenêtre sur le monde, au-delà de la vallée. À présent, il ne leur reste plus qu'à écouter Mollah FM.

Les menaces de bombes et d'attentats continuent, elles sont même de plus en plus pesantes. Pourtant, un jour, Fazlullah, en larmes, demande la fin des opérations militaires, invite les gens qui se sont enfuis à rentrer chez eux, à ne pas quitter la vallée. Est-il sincère ? Veut-il vraiment négocier la paix avec le gouvernement ?

Si ce n'est pas le cas, combien de temps Malala et sa famille pourront-elles encore résister ?

— Maman, pourquoi est-ce que les auteurs d'attentats suicides se font sauter surtout le vendredi ? demande Malala.

— Parce que c'est le jour saint pour les musulmans. Ils croient que s'ils le font le vendredi, Dieu sera encore plus fier d'eux.

Maulana Fazlullah pousse ses partisans au djihad, à combattre au nom de l'islam contre l'armée et le gouvernement pakistanais. Il entraîne aussi des équipes de « martyrs » : leur professeur de religion, cependant, a expliqué à Malala et à ses camarades que ce n'est pas le véritable islam.

Ce soir-là, la mère de Malala a préparé un dîner succulent de kebab, de brochettes de mouton grillé, accompagnées de sauce *raita*, à base de yaourt, de concombre, d'oignons, de tomates coupées en lamelles très fines, et d'une pincée de cumin. Mais l'absence de leur père, qui dort souvent en dehors de chez lui pour ne pas mettre sa famille en danger, leur pèse.

La situation n'a jamais été si délicate : le gouvernement essaie de négocier un accord avec les talibans pour rétablir la paix à Swat.

– Demain, tous les deux vous retournez à l'école, et il faudra tout me raconter, dit Malala à ses frères.

– Mais je n'ai pas envie d'y aller ! s'exclame Khushal en fronçant les sourcils. Je n'ai pas fait mes devoirs, et avec la chance que j'ai, on va sûrement m'interroger.

– Moi non plus, je ne veux pas y aller ! dit le petit Atal en éclatant en sanglots. Je ne veux pas être enlevé !

– De toute façon, intervient leur mère, on dit que demain l'armée devrait imposer le couvre-feu.

– C'est vrai ? demande Khushal, le visage soudain illuminé.

Et il se met à danser de joie.

C'est vraiment absurde. Malala désire aller à l'école plus que toute autre chose au monde, alors que Khushal veut éviter de s'y rendre, au point d'exulter quand l'armée interdit à tout le monde de sortir.

Plus tard, après avoir récité leurs prières, ses petits frères s'endorment : même les bombes n'arrivent pas à les réveiller.

Malala, elle, repense à Mme Bibi et à sa phrase : « Je n'arrive plus à voir la beauté de la vallée. »

Elle entre dans la chambre de sa mère et se couche à côté d'elle, qui est déjà endormie.

La chaleur de son corps et son parfum l'enveloppent, lui donnant l'impression d'être un petit oiseau dans son nid.

Le nom de sa mère, Toorpekai, signifie « cheveux de jais », et Malala imagine que cette chevelure de soie noire s'étend autour d'elle, autour de ses frères, autour de la maison plongée dans l'obscurité, pour les protéger des bombes et du sang.

Une paix fragile

– Feu ! crie Khushal, en conduisant un hélicoptère jouet au-dessus de méchants imaginaires, rangés sur la moquette, pendant qu'Atal le vise avec un pistolet en papier.

Malala interrompt leurs jeux. C'est le moment de faire subir un interrogatoire en règle à son plus jeune frère, pour savoir comment s'est passée sa rentrée à l'école.

– Six, dit-il en comptant sur ses doigts.

C'est le nombre d'enfants de son âge qui se sont présentés en classe. Cinq garçons et une fille.

Les talibans ont en effet fini par donner l'autorisation uniquement aux filles les plus jeunes, celles qui fréquentent l'école primaire, de retourner en classe. Les gens étaient tellement furieux qu'ils aient interdit à toutes les filles d'étudier, que les talibans ont peut-être pensé qu'il valait mieux revenir, au moins en partie, sur leurs décisions. À présent, ils disent même qu'ils vont déterminer si celles qui sont plus âgées peuvent, elles aussi, poursuivre leurs études. Ils prennent leur temps.

« Mais à force d'attendre, pense Malala, mon école risque de fermer. »

– Aujourd'hui, il y avait soixante-dix élèves sur sept cents, dit Ziauddin en entrant, comme s'il avait lu dans ses pensées.

– Bonjour, papa ! crient ses fils en courant l'embrasser.

– Mes petits polissons, murmure-t-il, en leur ébouriffant les cheveux.

Atal le tire par sa chemise et déclare :

– Je veux construire une bombe atomique.

Le père et la fille échangent un regard d'adultes. Désormais, la guerre est au centre des jeux et même des prières des enfants, y compris de ses frères.

Un soir, Malala a entendu Khushal murmurer :

– Mon Dieu, apporte la paix à Swat et ne permets jamais aux États-Unis ni à la Chine de nous gouverner.

Plus les jours passent, plus la situation s'aggrave.

Un matin, le soleil apparaît de nouveau derrière les montagnes, après de longues pluies : c'est l'un des moments où la vallée se révèle dans toute sa splendeur. Mais pour les êtres humains, cela ne change rien.

Au petit déjeuner, la mère de Malala fait la liste des morts : un conducteur de rickshaw et un gardien assassinés pendant la nuit.

Ils s'ajoutent aux mille cinq cents hommes et femmes qui ont été tués depuis deux ou trois ans. Personne ne demande plus pourquoi. C'est une question qui paraîtrait inutile.

Un dimanche, tandis que des amis et de la famille venus de Mingora et de Peshawar déjeunent chez Malala, éclatent les détonations les plus fortes qu'elle ait jamais entendues.

Elle fait le tour de la table en courant, et se jette dans les bras de son père.

– Papa, au secours !

Il la rassure :

– N'aie pas peur, Malala, les gens tirent des coups de feu pour la paix !

– Mais on dirait la fin du monde !

– Les gens tirent en l'air avec leurs fusils, mais ils le font pour exprimer leur joie. Le gouvernement et les miliciens sont sur le point de signer un accord, c'est écrit dans le journal.

Plus tard, ce soir-là, les talibans le confirment à la radio, et tout le monde commence à y croire sérieusement.

Les coups de feu éclatent de plus belle.

Les parents de Malala fondent en larmes, des larmes de bonheur. Khushal et Atal aussi ont les yeux humides.

C'est le signal que la vallée de Swat attendait depuis longtemps. Les gens sont fatigués, ils veulent retrouver une vie normale.

Le lendemain, il y a beaucoup de monde au marché, l'ambiance est joyeuse. Ziauddin et d'autres hommes distribuent des friandises dans la rue.

Même rester coincé dans la circulation semble agréable : c'est tellement « normal »…

Le professeur de sciences qui, depuis que l'école est fermée, vient donner des leçons particulières à Malala, prend un jour de congé pour participer à une fête de fiançailles.

– Les hélicoptères aussi finiront par se poser, assure un cousin.

Pendant quelques minutes, Malala et lui, le nez en l'air, les regardent voler bas au-dessus de la ville.

Le téléphone sonne. C'est Fatima.

– À ton avis, est-ce que l'école va rouvrir, maintenant ? demande-t-elle à Malala. Je n'en peux plus de rester enfermée à la maison.

– Elle rouvrira sûrement ! Il suffit d'attendre.

Les jours suivants, toute la vallée semble écouter les prières de Malala. Le calme revient sur Swat : on dort bien la nuit, sans bombardements, même si les hélicoptères n'ont pas disparu.

Puis, un soir, les jeux de Malala et de ses frères sont brusquement interrompus.

Vive agitation dans la cuisine.

Leur mère s'est sentie mal.

Ziauddin lui a appris la nouvelle du jour : Musa Khankhel est mort.

Musa était journaliste. Sa plume n'épargnait personne, ni les talibans ni l'armée.

« Il faut bien que quelqu'un raconte la vérité », disait-il.

Il suivait une marche pour la paix des talibans à travers Mingora. Son équipe de télévision l'a perdu de vue. On l'a retrouvé quelques heures plus tard, abattu de plusieurs balles.

Toorpekai reste alitée pendant plusieurs jours.

– Pourquoi est-ce que tu me l'as dit ? Je ne veux pas savoir ce genre de choses ! reproche-t-elle à son mari.

Elle craint peut-être de savoir qui sera la prochaine victime : quelqu'un de plus proche de sa famille ?

Le jour même de l'assassinat de Musa, en effet, Malala est apparue à la télévision. C'est elle qui a demandé au journaliste de la faire parler de son espoir de retourner à l'école.

Enveloppée dans un *saadar* blanc, elle a dit d'une voix calme :

– J'attends depuis le 15 janvier. Maintenant, après l'accord de paix, je ne vois pas d'obstacle. Mais de toute façon, quoi qu'il arrive, je ne peux plus m'arrêter : il me suffit d'avoir un endroit où m'asseoir, et je continuerai à étudier.

– Tu n'as pas peur ?

– Je n'ai peur de personne.

Maintenant, Musa est mort, et, avec cet assassinat, tout espoir de paix est pulvérisé.

La mère de Malala ne prépare même plus le petit déjeuner, c'est son père qui s'en charge et, de temps en temps, Malala le remplace à la cuisine. Elle l'aide à s'occuper de ses frères, surtout du plus petit, qui a besoin d'un coup de main pour faire ses devoirs et s'habiller avant d'aller à l'école.

– À partir d'aujourd'hui, on ne parle plus de guerre dans cette maison ! ordonne-t-elle à ses frères. Plus question de creuser des tombes, de jouer avec des hélicoptères ou des pistolets, plus d'histoires de bombe atomique ! On ne parle plus que de paix.

C'est la seule arme qui lui reste pour essayer de protéger sa mère : elle ne s'était jamais rendu compte qu'elle était si fragile. Mais qui ne l'est pas, ici, à Mingora ?

Retour à l'école

Février 2009

La grille noire, l'enseigne bleue et rouge, l'escalier raide, les chaises en bois : et l'une d'elles en particulier, au deuxième rang, la dernière à droite, la sienne !

Vive l'école !

Elle allait perdre espoir. Mais, le 21 février, Maulana Fazlullah en personne l'a annoncé à la radio : les filles peuvent retourner à l'école jusqu'aux examens du 17 mars, du moment qu'elles mettent la burqa.

Maulana Fazlullah a dit beaucoup d'autres choses encore : il a parlé du sacrifice des talibans au nom de l'islam, et de la défaite inévitable qui attend les États-Unis en Afghanistan. Mais pour Malala, seuls ces mots comptent : « L'école rouvre ses portes. »

À la réunion du matin, les filles ne tiennent pas en place, et s'embrassent, toutes contentes. Certaines portent l'uniforme, d'autres des vêtements de tous les jours. Il n'y a que douze élèves sur vingt-sept dans la classe de Malala. Soit les absentes sont encore loin de la vallée, comme Zakia, soit leurs parents ont peur de les laisser sortir de chez elles.

Lorsque les hélicoptères volent bas au-dessus de la cour, les élèves les saluent de la main, et les soldats leur répondent. Mais ils ont l'air fatigués, même le fait d'agiter les bras semble leur demander un trop gros effort.

Dès que la directrice arrive, les filles retrouvent leur calme.

– N'oubliez jamais de mettre la burqa, recommande-t-elle tout d'abord. C'est la condition que les talibans ont posée.

Puis elle demande :

– Qui écoute Mollah FM, parmi vous ?

Un murmure lui répond.

– Moi, je l'écoutais, mais plus maintenant, dit une fillette.

Laila lève le doigt.

– Franchement, moi, je l'écoute pour savoir ce qui va se passer.

Fatima, en revanche, intervient, péremptoire :

– À mon avis, nous n'aurons vraiment la paix à Swat qu'après la destruction de cette radio.

– Je vous informe que, dans cette école, nous n'écouterons pas Mollah FM. Elle est bannie d'entre ces murs.

Maulana Fazlullah prend des décrets contre les écoles ? Alors la directrice prend une mesure d'interdiction contre les talibans. Malala a envie de sourire. Mme Aghala a vingt-huit ans, et même si elle n'a pas d'enfant, elles se sentent toutes un peu ses filles.

Les matins suivants, le nombre d'élèves continue d'augmenter : dans la classe de Malala, elles arrivent à dix-neuf.

Les examens approchent, elles ont beaucoup de travail. Même à la maison, Malala passe la plupart de son temps penchée sur ses livres.

Le marché est de nouveau très fréquenté, les marchands ont repris courage et ouvrent leurs boutiques jusque tard le soir, en prenant garde de fermer à l'heure des prières. Les CD de musique réapparaissent sur les étagères.

Ziauddin achète deux poules, qui deviennent bientôt les meilleures compagnes de jeu de ses fils.

Tout doucement, leur mère se remet du choc qu'elle a subi.

On étudie, on joue, on fait des courses, et on réussit à ne pas trop parler de l'armée ni des talibans.

On dirait presque que tout est redevenu comme avant.

Au cours des jours changeants de mars, cependant, où l'hiver tape des pieds avant de céder le pas au printemps, tout devient incertain.

– Cet accord de paix risque de ne pas durer longtemps, commencent à murmurer les gens.

– Ce n'était peut-être qu'une pause dans les combats.

Les miliciens continuent à circuler armés et volent les aides envoyées aux réfugiés.

Un jour, Malala entend des coups de feu : les talibans tuent deux soldats, puis accusent l'armée d'en être responsable, parce qu'elle continue d'envoyer des patrouilles malgré la trêve.

— Tu te souviens d'Anis ? lui dit Fatima. Mon cousin, celui qui était en classe avec nous en maternelle ? Maintenant, il travaille pour les talibans. Mon frère l'a vu, il n'en croyait pas ses yeux. Le matin, il est employé dans une usine. La nuit, Reebok aux pieds, il prend son fusil et va rejoindre Fazlullah et les siens. Il perquisitionne les voitures.

— Mais pourquoi est-ce qu'il fait ça ? demande Malala.

— Mon frère, ses parents, tout le monde lui pose la même question… et tu sais ce qu'il répond ? Qu'il n'est pas un taliban, qu'il le fait juste pour gagner un peu d'argent.

— Je n'arrive pas à y croire…

— Dire que, quand j'étais petite, je croyais qu'un jour on se marierait, soupire Fatima.

Un après-midi, Malala et sa mère se font accompagner par un cousin au Cheena Bazar, comme autrefois. Elles ont un peu peur. Elles s'aperçoivent rapidement que de nombreux magasins ont fait faillite ou affichent des écriteaux de soldes jusqu'à épuisement des stocks. Elles en profitent pour acheter beaucoup de choses, mais trouvent inquiétant qu'il y ait si peu de femmes avec lesquelles jouer des coudes pour sauter sur les meilleures occasions. De temps en temps, Malala, barricadée dans sa burqa, se plaint. Dans la rue, elle est habituée à porter le *saadar*, qui couvre le corps mais pas le visage.

– Maman, je n'aime pas la burqa, c'est tellement difficile de marcher là-dedans !

Quand elles entrent dans la boutique où elles ont l'habitude d'acheter des tissus, le propriétaire les regarde, terrorisé.

Puis il éclate de rire.

– Pendant un instant, je vous ai prises pour deux kamikazes déguisés en femmes !

Ni le marchand, ni Malala, ni sa mère n'entendent l'explosion, mais le lendemain les journaux donnent la nouvelle : à un croisement près du bazar, devant un poste de contrôle militaire, quelqu'un s'est fait sauter en l'air.

C'était Anis.

Malala l'apprend par Fatima.

– Je pars pour Rawalpindi, lui dit son amie de classe.

Fatima, si combative ! Fatima, sa rivale dans les débats. C'est la cinquième de ses plus chères amies qui s'en va.

– Mais Fatima… proteste Malala. Il y a un accord de paix, la situation va s'améliorer.

– Je n'en suis plus si sûre, se contente-t-elle de répondre.

Sa douleur est trop forte. Anis, son cousin préféré, n'est plus.

Peut-être qu'au début Anis fréquentait les talibans pour gagner de l'argent, comme il le disait à tout le monde, mais ensuite, il s'est laissé convaincre : on lui a promis le paradis, les dix-neuf vierges, et en échange il s'est fait sauter.

Autrefois, quand il était plus jeune, le père de Malala avait failli finir de la même façon.

Son maître avait essayé de le convaincre de se battre au nom de la foi. Ils étaient si nombreux à le faire, on appelait ça le djihad, la guerre sainte. Le père de Malala faisait sans arrêt des cauchemars. Il était pieux : il priait cinq fois par jour. Il était nationaliste : il croyait en une grande terre autonome pour les Pachtouns. Mais à la fin, il avait compris que son maître voulait utiliser ses idéaux pour lui faire subir un lavage de cerveau.

C'est pourquoi il avait décidé de consacrer sa vie à enseigner aux filles et aux garçons de Swat.

Anis aussi avait fait partie de ces enfants, en maternelle, mais cela n'a pas suffi à le sauver.

Le professeur de chimie commence à expliquer la leçon, et écrit au tableau : *Le degré d'oxydation de tous les éléments à l'état libre est zéro…*

Les examens se passent bien, surtout le devoir de sciences. Il suffit de répondre correctement à huit questions sur dix. Malala connaît toutes les réponses. Elle est contente, mais quand on lui annonce que Zakia est revenue, elle est vraiment aux anges !

– J'étais tellement impatiente de rentrer ! dit son amie, qui la serre très fort dans ses bras, l'enveloppant dans son *saadar* à rayures violettes et bleues. Mais c'est incroyable de voir comme les choses ont changé, ici. Avant, quand l'école était finie, j'allais toute seule chez ma grand-mère, et à la madrassa pour étudier le Coran… Maintenant, mes parents me disent que c'est trop dangereux.

« C'est vrai, plus rien n'est comme avant », pense Malala.

Et c'est justement pour ça que Zakia, les autres et elle ne peuvent pas se permettre de perdre leur amitié.

L'exil

Mai-juillet 2009

C'est le printemps. Les fleurs à peine écloses ont déjà perdu leurs pétales. En mai, la paix est finie.

– Nous n'avons pas le choix, dit Ziauddin, tandis que sa femme et lui fourrent en toute hâte les vêtements dans une valise.

– Mais nous sommes innocents ! Pourquoi est-ce qu'on doit partir ?

– Ne t'inquiète pas, Malala, nous reviendrons. Tu dois être courageuse, maintenant.

Les talibans ont étendu leur influence sur le district de Buner aussi, là où Toorpekai avait acheté ses bracelets et ses boucles d'oreilles. Les affrontements avec les soldats sont de plus en plus fréquents, et l'armée a annoncé une nouvelle offensive, l'opération Rah-e-Nijat (l'opération du « Chemin du salut »), pour reprendre Swat.

Les habitants doivent abandonner la vallée.

Plus de deux millions de personnes quittent leur maison. Ils n'ont pas le choix, s'ils veulent sauver leur vie. Comme si cela ne suffisait pas, le père de Malala ayant ouvertement critiqué les talibans dans la presse, est désormais sur leur liste noire : à la radio, un commandant a demandé sa tête.

Adieu, Mingora.

Cette fois, Malala ne rêve pas à ce qui l'attend de l'autre côté des montagnes. Ses yeux s'attardent sur ce qu'elle quitte : une ville fantôme.

Malala, sa mère et ses frères vont habiter chez une tante, à Haripur, au nord d'Islamabad. Leur père, en revanche, s'installe à Peshawar, à six heures de là. Il partage une chambre avec Sajid et le propriétaire d'une autre école de filles de Swat.

Peshawar est une grande ville et le chef-lieu de la région : Ziauddin et ses amis peuvent y organiser des manifestations dans la rue, ou donner des interviews pour que l'intérêt porté à la vallée ne faiblisse pas. Telle est justement la fonction du documentaire du journaliste américain et de Jawad. Tous deux continuent donc à filmer la vie quotidienne de la famille de Ziauddin, faisant sans arrêt des allées et venues entre Haripur et Peshawar.

– Une mère ne fait pas attention à son enfant tant qu'il ne pleure pas, aime à répéter Ziauddin. Si l'on ne pleure pas, on n'obtient rien, dans un pays du tiers-monde comme le nôtre.

Maintenant qu'ils ne vivent plus ensemble, Malala ressent terriblement l'absence de son père. Ses conversations, ses récits lui manquent. De temps en temps, il vient les voir à Haripur, mais la plupart du temps leurs relations se bornent à quelques coups de téléphone.

Au début, son père dit à Malala que la stabilité reviendra très bientôt, que l'opération de l'armée sera terminée en deux ou trois jours.

Malala, se laissant gagner par son optimisme, le répète à sa mère :

– Papa dit qu'on va gagner et qu'on rentrera à Swat ! Tu verras, maman, j'irai à l'école, je deviendrai médecin, et je changerai le destin de notre peuple.

Deux ou trois jours passent…

Ziauddin explique à sa fille que l'opération finira dans une semaine.

Et elle s'efforce d'imaginer ce qu'elle fera dès qu'elle sera rentrée chez elle. « D'abord, je filerai dans ma chambre pour contrôler que mon sac à dos et mes livres y sont toujours. Ensuite, j'irai revoir l'école. Mais ma chambre avant tout. »

Une semaine passe…

Chez sa tante, il y a une perdrix dans la cour, enfermée dans une petite cage en bois. Parfois, au Pakistan, les gens les élèvent pour des combats, ou comme animaux domestiques. Mais quand elles peuvent courir dans les prés, en plus de voler, ce sont les créatures les plus gracieuses qui soient. Ainsi écrivent les poètes, et il n'y a pas de plus grand compliment pour une jeune fille que de dire qu'elle a la grâce d'une perdrix. Malala lui apporte à boire, et chaque fois elle repense aux poules qui sont restées dans la cour de sa maison. Qui sait si elles sont encore vivantes, ou si quelqu'un les a tuées. Qui sait même si sa maison et son école tiennent encore debout. Il y a une base de l'armée tout près. Elles peuvent très bien avoir été bombardées. C'est peut-être déjà fait, elles ne sont peut-être déjà plus qu'un tas de ruines, de pierres et de plumes de poules, mais eux, ils ne le savent pas encore.

La deuxième, la troisième, la quatrième semaine, passent…

Les autorités annoncent à la télévision que la madrassa de Fazlullah a été détruite. Est-ce un pas vers la paix ?

Quand le gouvernement vante les succès de l'opération militaire Rah-e-Nijat, Malala voit dans sa tête les vingt et un commandants talibans encore vivants. Elle ne croit pas à la violence, mais elle sait très bien qu'ils n'arrêteront jamais de combattre : jusqu'à la victoire ou jusqu'à la mort.

À commencer par Fazlullah, qui continue de déclarer à la radio : « Je vais bien, il n'y a pas eu d'attaque contre moi ! Continuez le djihad ! N'écoutez pas la propagande ni les fausses nouvelles du gouvernement et des infidèles ! »

Les talibans qualifient les soldats d'infidèles, tandis que les soldats qualifient les talibans de mécréants. Ça peut durer longtemps.

Là où se trouve la maison de sa tante, il n'y a ni hélicoptères ni bombes. Mais le silence crève les tympans.

Malala s'ennuie et s'énerve. Elle a laissé tous ses livres à Mingora. Vêtue de rose, elle s'installe devant la balançoire et regarde ses frères se balancer.

Parfois elle joue avec eux, d'autres fois elle s'assied sur le lit, les pieds au soleil, la tête à l'ombre, le ventilateur ronronnant derrière elle.

Elle se sent déracinée, désorientée. Puis elle observe son petit frère Atal qui fait la roue dans le pré, et elle pense qu'au fond il y a des gens beaucoup plus malheureux qu'eux : comme ceux qui sont entassés dans des camps de réfugiés.

Dès le début du mois de juillet, les camps de réfugiés sont surpeuplés. Certains disent qu'un grand nombre de talibans s'y cachent aussi, qu'ils attendent la fin des opérations de l'armée pour revenir tranquillement à Swat avec les autres.

« Comment pourrais-je aider mon peuple ? Comment pourrais-je changer réellement son destin ? » se demande Malala, en donnant à boire à la perdrix.

On raconte que, la nuit, les perdrix fixent la lune et suivent sa course dans le ciel. Parfois, les gens les libèrent pour faire une bonne action, au nom d'Allah.

– Maman, j'ai fait un nouveau rêve ! s'exclame-t-elle un jour. Je dois faire de la politique pour servir notre pays. Il y a trop de crises. Je veux les résoudre, pour sauver le Pakistan.

– Malala, lui dit sa mère avec douceur, tu le sais, tu peux faire ce que tu veux de ta vie.

Au cours d'un de ces jeudis d'été qui ne passent jamais, alors qu'elle joue au cricket avec ses frères dans la cour, sa mère l'appelle pour qu'elle la rejoigne à l'intérieur de la maison. Le Premier ministre vient d'annoncer la nouvelle tant attendue : ils peuvent rentrer à Mingora !

Les talibans ont été chassés des villes de la vallée de Swat, ils se sont dispersés dans les campagnes. Pour Malala, c'est le plus beau cadeau qu'on puisse lui faire.

Car ce dimanche-là, c'est son anniversaire : douze ans. Chez sa tante, on lui prépare un gâteau.

Et son père ? Il n'est pas là, il ne téléphone pas. Pourtant, elle le lui a rappelé elle-même, la veille. À la fin, elle lui envoie un SMS en anglais :

MON ANNIVERSAIRE A ÉTÉ FÊTÉ (PAR LES AUTRES).
JE SUIS TRÈS HEUREUSE GRÂCE À EUX (ET NON PAS GRÂCE À TOI).

Lorsque son père appelle enfin pour s'excuser, elle lui fait promettre qu'il achètera de la glace pour tout le monde. À la vanille : elle en sent déjà le goût dans sa bouche. Un goût de chez elle. Un goût de paix.

Bienvenue au Pakistan

Cabas, fourre-tout, couvertures, et un gros sac de blé qu'ils ont reçu d'une organisation internationale en tant que réfugiés : Ziauddin charge tout à l'arrière du pick-up rouge vif. Puis il saute à bord, en faisant attention de ne pas froisser la tunique de son *kameez partoog*.

On part.

Ils traversent des plaines vertes ponctuées d'arbres isolés.

Ils parcourent des routes étroites, écrasées contre le flanc de la montagne ou creusées dans la roche.

Ils croisent des camions qui vont et viennent dans les deux directions, et des voitures surchargées de passagers.

Soudain, derrière un virage, un panneau vert apparaît, portant l'inscription en gros caractères : *SWAT CONTINENTAL HOTEL*.

À chaque tournant, à chaque caresse du vent qui souffle par la fenêtre, Malala sent sa maison plus proche d'elle.

Le journaliste américain et Jawad ne les ont pas abandonnés, même pendant leurs trois mois d'exil, et là encore ils les accompagnent. Ils filment tout : en ce moment, c'est le retour historique des habitants de Swat dans leur vallée.

Le professeur Sajid s'est déjà précipité à Mingora : il dit que même les barbiers sont revenus et qu'il y a la queue devant leurs boutiques. Ils mettent du temps à raser leurs clients, car les barbes sont très longues.

La rivière apparaît. Calme, plate, avec un peu d'écume blanche.

L'air aussi est différent : c'est celui de sa vallée, avec l'arôme incomparable des champs de riz.

Ziauddin se met à rire.

Non, il pleure.

Ou plutôt, il fait les deux à la fois.

Puis il se laisse retomber contre le dossier de son siège.

Il écarquille ses yeux brillants, ravale ses larmes, est submergé par l'émotion.

– Nous avons gagné, le peuple pacifique de Swat a gagné, dit-il.

Malala observe tout avec la plus grande attention. Au fond de son cœur, cependant, elle craint que leurs ennuis ne soient pas encore terminés.

Ils entrent dans Mingora, et ont du mal à la reconnaître.

Dans un silence spectral, le pick-up avance en zig-zag entre les briques qui sont tombées des bâtiments bombardés et les enseignes décrochées qui jonchent les rues, entre des bidons et des caisses en bois qui forment encore des tranchées et des barricades. Une camionnette est abandonnée au milieu de la chaussée.

Il n'y a pas âme qui vive.

Jamais, même à minuit, Mingora n'est apparue si déserte.

Dans une rue écrasée de soleil un homme à la barbe blanche est appuyé contre un poteau. Son buste est penché vers la droite, son chapeau posé de travers sur sa tête. Il semble dormir, mais, quand on y réfléchit, on s'aperçoit que ce serait impossible dans une position si inconfortable. Il ne se réveille pas à leur passage.

C'est une espèce d'épouvantail humain, laissé comme un avertissement par les talibans : n'approchez pas d'ici.

Les miliciens se sont enfuis dans la campagne, ils ne sont pas loin.

Ziauddin commence à ouvrir la grille de la maison : un tour de clé, un autre, une attente interminable pour Malala et ses frères, qui frémissent d'impatience.

– Beaucoup de maisons ont été cambriolées, dit leur père.

Comme d'habitude, il ne cache pas la vérité, et veut peut-être les préparer au pire. Atal et Khushal le suivent aussitôt à l'intérieur.

– Oh, mon Dieu, murmure Ziauddin.

Malala sent qu'un sourire se dessine sur son visage

à la vue de la cour, où les plantes ont poussé en toute liberté.

– On dirait une jungle !

– Oui, une jungle, répète son père. Mais c'est si beau ! Si beau !

Ses petits frères courent chercher les poules entre les poutres effondrées.

– Elles sont là ? demande leur père.

– Non, elles n'y sont pas ! crie Atal. Mais il reste immobile, regardant fixement un coin de la cour, tout au fond.

Malala s'approche lentement. Il y a un petit tas de plumes, à cet endroit. Elle se penche pour mieux voir. Marron, grises, légères, douces, avec un os qui sort.

– Les poules sont mortes, dit-elle.

Khushal se met à sangloter, là, debout, dans le coin. Elle court dans la maison.

– Malala ! Malala ! l'appelle son père.

Elle s'assied sur son lit, le dos à la porte : elle ne peut pas retenir ses larmes. Elle veut rester seule, elle veut pleurer comme une petite fille, pleurer cette mort absurde qui la fait souffrir d'une façon qu'un adulte ne pourrait jamais comprendre. Mais les journalistes entrent dans sa chambre.

– Malala ! appelle de nouveau son père.

Elle se réfugie dans une autre pièce, où les journalistes la rejoignent aussitôt. La caméra est de nouveau braquée sur elle. Voilà, on la verra pleurer dans le monde entier, assise sur la couverture à fleurs blanches du lit de ses parents. Elle essuie ses larmes.

Elle va voir dans quel état sont ses livres et ses cahiers. Tout est en ordre.

– Les poules sont mortes, mais tes livres sont là, observe le journaliste américain.

– Oui, répond-elle, je pense que les livres sont plus précieux.

Son père se rend à l'école.

Khushal et Malala l'accompagnent. Un quart d'heure à pied, comme toujours. La clé, cependant, n'entre plus dans la serrure.

Ziauddin appelle un petit garçon, le fait passer par-dessus le mur pour qu'il ouvre la grille de l'intérieur.

– Des gens ont habité là, remarque-t-il, en inspectant les classes.

Une grande partie d'entre elles ont été vidées, les chaises sont empilées les unes sur les autres dans une seule pièce contre un mur sur lequel est fixée la carte du Pakistan.

Il y a une empreinte de chaussure sur une chaise.

Des mégots de cigarettes par terre.

Malala décide d'explorer les lieux. En fouillant dans les papiers restés dans le bureau de son père, elle trouve le journal de Fatima. Tout en se demandant ce qu'il fait là, elle lit une phrase pleine de fautes écrite en anglais, et qui n'est certes pas de la main de celle qui était sa rivale dans les débats : *Moi Fier être pakistanais et soldat d'Armée du Pakistan.*

Elle feuillette le journal. Il y a le dessin un peu infantile d'un fusil, puis des pages et des pages de poésies, en ourdou et en anglais : *Certains aiment un, d'autres aiment deux, moi j'aime une seule, et c'est toi.*

« Il doit avoir mon âge, imagine Malala. Et il ne sait rien de l'amour. »

Avant, elle était très fière de l'armée : elle pensait qu'elle protégerait l'école. Maintenant, elle a honte de ces militaires.

Ce sont les mêmes qui, dans une autre pièce, ont laissé la lettre suivante : *Nous avons perdu un grand nombre de vies précieuses de soldats, et tout cela à cause de votre négligence.* Ils accusent les habitants d'avoir laissé Swat tomber aux mains des talibans. *Longue vie à l'armée pakistanaise, longue vie au Pakistan !* conclut la lettre.

Dans la salle de classe de mathématiques, il y a plusieurs trous dans les murs : ils ont probablement été creusés pour pouvoir tirer des coups de feu. Malala regarde à travers l'un de ces trous, et elle voit les maisons de l'autre côté de la rue. « Les talibans nous ont détruits », se dit-elle.

Un hélicoptère survole l'école.

Sur le mur de cette classe, un soldat a écrit en anglais : *Welcome Pakistan.*

Fleur de maïs

Août 2009-décembre 2011

Gul Makai, c'est moi. Voilà. Maintenant, tout le monde le sait. Ce n'est plus un secret. Je voulais crier, je voulais dire au monde entier ce qui se passait. Mais je ne le pouvais pas. Les talibans nous auraient tués, mon père, toute ma famille et moi. Je serais morte sans laisser de traces. C'est pourquoi j'ai décidé d'écrire sous un pseudonyme. Et ça a marché, ma vallée a été libérée.

Malala regarde sa propre image à la télévision. Cette petite fille qui écrivait contre les talibans est devenue grande. On l'invite sans cesse à parler dans les talk-shows politiques et les émissions-débats du matin.

Elle n'hésite plus, elle raconte les années sombres et ses espoirs, aussi, pour l'avenir.

Un mois après son retour à Mingora, on lui demande qui sont ses idoles.

– Mon père et Benazir Bhutto, répond Malala.

– Pourquoi Benazir ?

– C'était une femme politique, une grande femme politique.

Obama aussi, explique-t-elle, est un leader qui lui plaît.

Le mari de Benazir est le président actuel du Pakistan. À son égard, Malala est plus critique :

– Parfois, je pense que si sa fille avait étudié à Swat, il n'aurait pas permis que les écoles soient fermées.

– Et toi, qu'est-ce que tu aimerais ? lui demande le présentateur de l'émission.

– Je veux faire de la politique, je veux servir cette nation. Nos politiciens sont paresseux, nous avons besoin de leaders honnêtes.

Sa vie est comme un film.

Elle avait rêvé de voir la vallée libérée des griffes des talibans, et les filles voler, insouciantes, comme des papillons. Ses rêves se sont réalisés : elle est heureuse, heureuse, heureuse.

Elle est heureuse aussi de voir son nom à la télévision et dans les journaux.

Elle avait parfois souhaité être célèbre, mais elle n'avait jamais imaginé que ce serait à ce point. On lui demande d'être la porte-parole d'une assemblée d'enfants de Swat, où les plus petits pourront parler de leurs désirs et de leurs problèmes. Lorsqu'elle entre dans la salle la première fois, tout le monde se lève pour l'applaudir.

Élève d'une école de Swat, est-il écrit sous son nom,

quand elle apparaît à la télévision. Puis, quelques mois plus tard : *Militante pour le droit des enfants*.

« Il y a tellement de filles extraordinaires dans le monde, pourquoi justement moi ? » se demande Malala. Elle n'a pas l'impression d'être exceptionnelle, c'est la situation dans laquelle elle se trouvait qui l'était : il n'est pas facile d'élever la voix quand on risque sa vie. Si elle était restée assise dans sa petite chambre, qui aurait sauvé son école ? « Dieu m'a fait cet honneur, et je l'accepte », pense-t-elle.

À présent, dans sa vallée, tant de choses ont changé. Tout le monde est libre d'étudier, de jouer, de chanter, d'aller au marché. Les filles n'ont plus peur des talibans.

Pour la fête de l'Indépendance, le Cheena Bazar est plein de gens qui exultent en agitant le drapeau du Pakistan.

Les magasins de DVD rouvrent, *Terminator 2* se vend très bien.

Le cinéma est rempli d'enfants qui grignotent des samosas et boivent du thé en regardant le film pachto *Target*, où l'on tire sans arrêt des coups de feu. Malala continue à préférer les comédies romantiques.

Les festivals en plein air reviennent aussi, avec des musiques et des danses.

Il ne faut pas se faire trop d'illusions, cependant. Quand on regarde la télévision, on pourrait croire que tout est fini. Mais la réalité est différente.

Swat n'est plus le paradis d'autrefois.

Le matin tôt, aller à l'école est compliqué, les premières semaines après le retour à Mingora, car les transports publics sont interdits. Les élèves ont cours sous des tentes ou sous des arbres, assises sur les briques qui formaient auparavant les murs des classes.

Parfois, le centre de la ville est fermé aux motos, de peur qu'elles ne soient utilisées par des kamikazes. Dans un centre d'entraînement de la police, une bombe a tué seize recrues. Une enseignante dit qu'elle garde sa burqa accrochée dans sa chambre : «On ne sait jamais. »

Les semaines deviennent des mois, les mois des années. Les terribles inondations de 2010 balaient des villages entiers sur leur passage. Un an après la guerre, nombreuses sont les écoles qui n'ont pas encore été reconstruites.

Les gens sont inquiets. On parle d'homicides ciblés commis par des soldats : on a trouvé des cadavres abandonnés, et, un jour, certains détenus ont disparu mystérieusement de la prison.

Le père de Malala ne mâche pas ses mots :

– Les forces de sécurité combattent le terrorisme par le terrorisme, dit-il aux militants des droits de l'homme. Je leur suis reconnaissant d'avoir mis fin aux atrocités des talibans. Mais qui mettra fin aux leurs ?

Il semble que Maulana Fazlullah se soit enfui en Afghanistan. D'après Ziauddin, il est juste de tuer des gens comme lui. Mais si les soldats éliminent tous ceux qui, d'une manière ou d'une autre, ont collaboré avec les talibans, ils feront disparaître quatre-vingt-dix pour cent des habitants de la vallée !

– Cette paix a été obtenue par les armes. Qu'arrivera-t-il quand l'armée sera partie ? demande-t-il.

« Quel sens cela a-t-il de répondre toujours à la violence par la violence, à la mort par la mort ? » s'interroge souvent Malala.

Dans les zones rurales, les jeunes sont au chômage. Il n'y a pas de travail, et les gens continuent à se méfier du gouvernement.

Le père de Malala présente sa fille à un concours international d'enfants qui luttent pour la paix : en 2011, son nom est sur la liste des finalistes. C'est la première Pakistanaise à qui cela arrive, la première Pachtoune.

Les présentatrices de la télévision qui l'interviewent sont habillées à la mode, et très maquillées. Elle, elle est nature, drapée dans des vêtements colorés mais modestes. Elle porte toujours le voile sur la tête. Parfois, on lui met un peu de rouge à lèvres rose, et un filet de *kajal* noir au bord des paupières. Les filles de Mingora qui ont son âge ne sont pas aussi « visibles » qu'elle, bien sûr. Un père différent du sien s'en inquiéterait peut-être, et qui sait si un mari serait d'accord pour qu'elle se montre autant. Malala, cependant, ne pense pas encore à ces choses-là. Elle pense au travail à faire.

Elle est convaincue que construire des écoles et donner de l'instruction est le meilleur moyen de combattre les talibans.

Le paradis est perdu.

Mais il faut aller de l'avant.

— Je serai une militante sociale jusqu'à la mort.

— Je ferai construire une université pour les filles, et une fondation pour les étudiantes les plus pauvres.

— Je voudrais créer un parti politique centré sur l'instruction.

Malala veut mettre toute son énergie dans ses projets.

— Si un taliban vient me voir, j'enlèverai ma sandale et je m'en servirai pour le gifler, dit-elle à une présentatrice.

— Mais tu sais que les talibans ont des bombes et des pistolets ? lui fait remarquer un autre journaliste. Ils te diront que tu es une petite fille, que tu as quatorze ans, que tu dois obéir et c'est tout.

Il n'a pas entièrement tort. Que se passera-t-il s'ils refusent de l'écouter ? Malala réfléchit et, soudain, la solution lui apparaît évidente : elle l'a toujours eue sous les yeux. Elle doit faire comme Gul Makai.

Gul Makai était une petite fille, elle aussi. Mais elle a élevé la voix. Elle s'est servie du Coran, auquel croyait son peuple, et elle a réussi à mettre fin à une guerre injuste.

— Je montrerai le Coran aux talibans, ce même livre qu'ils utilisent pour justifier leurs actions. Il n'est écrit nulle part dans le Coran que les filles n'ont pas le droit d'aller à l'école.

À la fin de l'année 2011, le prix international pour la paix est attribué à une autre candidate, mais le gouvernement pakistanais remet un prix de consolation à Malala. Elle n'hésite pas :

— Papa, on va utiliser cet argent pour acheter un minibus scolaire !

Danger

Été 2012

Le beau temps revient, et les collines se couvrent de fleurs.

À la fin de l'année scolaire, Ziauddin organise un pique-nique à Marghazar avec les élèves de l'école.

L'endroit est plein de visiteurs, de familles entières, de groupes d'amis.

Assises en plein air, non loin du Palais Blanc, où le prince de Swat passait autrefois l'été, les filles regardent une cascade, dont l'eau n'est plus qu'un ruisseau quand elle coule tout en bas. Elles bavardent, courent et rient toutes ensemble.

Quelques jours plus tard, cependant, une pierre est lancée par-dessus le mur de l'école. C'est un message pour le père de Malala :

Tu enseignes à tes élèves l'immoralité et la vulgarité en les amenant à l'endroit des pique-niques, où elles courent partout sans respecter les règles du voile.

Le gouvernement propose de protéger l'école, mais Ziauddin refuse : il ne peut pas faire cours avec des militaires rangés devant la porte.

Ce n'est pas la première menace qui arrive. Il y en a eu d'autres, adressées à tous deux : le père et la fille.

Malala est une obscénité.
Tu es une amie des infidèles.

Plusieurs amis ont conseillé à Ziauddin d'envoyer Malala à l'étranger, pour des raisons de sécurité, et pour lui offrir une bonne instruction. Jusqu'à présent, il a résisté :

– Dans un an. Pour le moment, elle n'est pas encore prête.

Au mois de juin, le propriétaire du *Swat Continental Hotel* de Mingora est abattu de plusieurs balles dans la rue.

Sur Facebook, de faux profils au nom de Malala apparaissent, aussi décide-t-elle d'annuler sa page.

– On a des invités !

Son père la réveille tôt un matin de septembre.

Jawad est là. Comme trois ans auparavant, quand le journaliste était venu à l'aube filmer son premier jour d'école.

Malala les rejoint dans le salon et sert le thé à leur invité.

– Oncle Jawad dit que nous sommes vraiment en

danger, toi et moi. Il me conseille de t'envoyer faire tes études à l'étranger.

Malala pose la théière sur la nappe. Elle les regarde lentement, l'un après l'autre, puis répond :

— L'oncle est un brave homme, mais ce qu'il dit va contre les règles du courage.

Depuis un certain temps, Malala revoit continuellement une scène dans sa tête. Elle l'a imaginée si souvent qu'elle est devenue claire et nette : un homme vient la tuer, et elle commence à lui parler : « Tu fais une grosse erreur, lui explique-t-elle, l'instruction fait partie de nos droits. »

Ce que fera cet homme, elle n'en sait rien. Il pensera peut-être à sa fille ou, s'il n'en a pas, à sa sœur. Il comprendra peut-être que tuer Malala serait comme les tuer, elles. Malala ne sait pas comment ça finira, mais elle ne peut laisser la peur vaincre son amour pour la vie.

Elle ne peut oublier qui elle est : Gul Makai, ou plutôt Malala.

Le réveil

16 octobre 2012

– Où suis-je ?

Malala vient d'ouvrir les yeux.

Elle regarde autour d'elle.

Elle est dans un lit d'hôpital, cela ne fait aucun doute. La pièce a des murs bleu ciel, et la fenêtre est couverte d'un rideau à fleurs aux teintes pastel : bleu, beige, marron clair.

Elle bouge légèrement les bras et les jambes. Elle ne ressent plus la douleur déchirante qu'elle éprouvait auparavant. Une infirmière est là, vêtue d'un uniforme bleu clair. Elle porte des lunettes, a les cheveux blonds et frisés, ramassés sur la nuque. Elle lui sourit.

Malala voudrait demander où elle se trouve, mais elle n'arrive pas à parler, elle sent qu'elle a quelque chose dans la gorge. Elle perd connaissance.

Elle a l'impression de s'assoupir et de se réveiller, elle ne sait pas si cela dure quelques minutes ou plusieurs heures.

Dans la gorge elle a un tube qui l'aide à respirer, mais qui l'empêche de parler. C'est un médecin qui le lui explique, en lui parlant ourdou. Il est gentil. Il lui donne une feuille de papier et un crayon.

Dans quel pays suis-je? écrit Malala.

– Tu es en Angleterre. À Birmingham. Au Queen Elizabeth Hospital.

Où sont papa, maman, mes frères?

– Au Pakistan, mais ils vont bientôt venir.

Quel jour est-on?

– Le 19 octobre 2012.

Dix jours après l'attentat.

Malala s'en souvient. Les images défilent devant ses yeux : le devoir en classe, le minibus scolaire, les boucles d'oreilles de Laila, la route poussiéreuse, l'homme armé d'un pistolet.

Il a ouvert le feu sur elle. Mais elle est vivante.

Ce matin-là, l'infirmière l'aide à se lever pour la première fois.

Malala arrive à tenir debout, mais au bout de quelques minutes elle est épuisée. Elle a la tête lourde, la gorge gonflée. Elle n'entend presque rien de l'oreille gauche. Elle se recouche, et l'infirmière lui donne un ours en peluche blanc, avec un ruban rose autour du cou. Malala le serre fort contre elle.

Elle compte que huit médecins au moins passent la voir, jour après jour. L'un d'eux examine le côté gauche de sa tête : c'est là que la balle a dû l'atteindre. Un autre regarde sa gorge : on parle d'infection.

Sur la petite table en bois ronde, devant le rideau à fleurs, il y a une montagne de lettres et de dessins qui représentent le soleil, des arbres, des ballons et des montgolfières. Des centaines de messages. L'infirmière lui en lit certains :

Chère Malala, j'espère que tu vas te rétablir rapidement.

Malala, nous pensons tous que tu es une personne extraordinaire.

Chère Malala, tu es si courageuse ! Tu es un exemple pour nous tous.

Malala, tu as payé un prix terrible. Mais tu as réveillé le monde.

Il lui semble incroyable que tant d'hommes, de femmes et d'enfants de toute la planète s'intéressent à sa santé. Dieu doit avoir entendu leurs prières : c'est pour cela qu'il l'a sauvée.

S'il vous plaît, écrit-elle sur une feuille de papier qu'elle tend à l'infirmière, *remerciez toutes ces personnes pour moi.*

Bien qu'il y ait toujours quelqu'un avec elle et qu'elle ne soit jamais seule, sa famille lui manque terriblement. Mais comment pourrait-elle lui parler si elle n'a plus de voix ? Un jour, on lui apporte un téléphone.

– Malala ? C'est papa.

Et même si elle ne peut répondre, elle est bouleversée d'entendre de nouveau sa voix.

Sur le mur à côté de la tête du lit, il y a un papier rose où il est écrit *Today is…* Chaque lettre est d'une couleur différente. Jour après jour, Malala regarde l'infirmière écrire la date. Et au bout de quelque temps, les médecins retirent le tube qu'elle avait dans la gorge : l'infection est guérie, Malala peut de nouveau parler, elle peut manger. En s'appuyant au bras de l'infirmière, elle arrive aussi à marcher avec une certaine assurance.

– Papa, lui dit-elle au téléphone avec un filet de voix, apporte-moi mes livres, quand tu viendras. Je veux préparer mes examens.

Et elle sent qu'il est profondément ému au bout du fil.

Un jour, les médecins viennent d'effectuer toutes sortes d'examens pour contrôler sa vue et son ouïe, et elle est allongée sur le lit, en train de se reposer, quand elle les voit enfin.

Son père, sa mère, Atal et Khushal entrent dans la pièce. Malgré sa fatigue, elle essaie de leur offrir un grand sourire, mais elle sent que le côté gauche de sa bouche n'a pas la force de se redresser comme le droit. Ses parents et ses frères fondent en larmes. Mais ce sont des larmes de joie. Et pendant quasiment une heure, son père n'arrête pas de parler, de gesticuler, de sourire.

Atal, assis à côté de lui, serre le petit ours blanc dans ses bras. De l'autre côté du lit, Khushal, qui semble un peu nerveux, reste silencieux, à côté de leur mère, enveloppée dans un ample voile beige. Malala a du mal à se tourner. Regardant droit devant elle, elle demande à sa mère :

– Comment vont Laila et Zakia ?

– Elles ont été blessées, mais elles vont beaucoup mieux. Je leur ai parlé au téléphone, et elles m'ont demandé de tes nouvelles. Elles ont hâte de te revoir.

– Ce ne sont pas les seules, ajoute son père. L'école a rouvert : le lendemain de l'attaque, la moitié des filles étaient absentes, mais le lundi suivant, il n'en manquait plus que six sur trente et une.

Ziauddin compte les élèves présentes, exactement comme avant.

Les semaines passent, et de temps en temps, assise à la petite table, son ours blanc sur les genoux, Malala fixe le vide.

Parfois, les enfants n'arrivent pas à s'endormir, car ils ont peur des monstres. Malala, elle, connaît bien ses monstres.

Personne n'a été arrêté pour avoir essayé de la tuer.

Un porte-parole des talibans a revendiqué l'attentat, et a promis qu'ils réessaieraient : on murmure même que Maulana Fazlullah en personne l'a ordonné. Même si tous les Pachtouns savent que tuer les enfants est un terrible déshonneur, la justification des talibans est que Malala répand les idées occidentales contre l'islam, qu'elle s'est montrée maquillée à la télévision, et qu'elle admire Obama.

Le gouvernement a identifié un suspect de vingt-trois ans, mais il s'est volatilisé.

– Pour le moment, il faut que tu arrives à reprendre des forces, et que les médecins puissent faire les dernières opérations, lui dit son père en la voyant si pensive. Ils répareront aussi ton oreille gauche, lui promet-il. Tu entendras de nouveau parfaitement bien, comme avant.

Pendant que son père lui lit les messages de solidarité qui continuent d'arriver, Malala pense à la première photo qu'on a prise d'elle à l'hôpital, et qui a été publiée dans les journaux.

Sur cette image, elle est allongée sur le lit, le visage gonflé, ses yeux cernés d'ombres noires, une sonde dans le nez, une écharpe blanche posée autour de sa tête : on dirait vraiment qu'elle va mourir.

« Plus jamais ça. » À partir de maintenant, elle se fera photographier avec un livre à la main et un beau foulard, qui encadrera son visage et cachera ses blessures.

Un soir, son père lui dit que l'un des journalistes qui l'avaient interviewée à la télévision a échappé de justesse à une bombe placée sous sa voiture. Malala téléphone à ce journaliste, demande à parler à sa fille, qui a dix-sept ans.

– Hana, c'est Malala. Écoute-moi, lui dit-elle d'une

voix encore faible mais ferme. Je comprends que ce qui est arrivé est tragique, mais tu dois continuer à être forte. Tu ne peux pas arrêter de lutter.

Quelques jours plus tard, elle apprend que le gouvernement a donné son nom à une école de Mingora, mais que les élèves s'y sont opposés, parce qu'ils ne veulent pas être la prochaine cible.

Cette fois encore, elle prend son téléphone pour dire ce qu'elle pense :

– Je ne veux pas que les élèves soient en danger à cause de moi. S'il vous plaît, rendez à cette école son nom précédent, ou choisissez-en un qui ne soit pas le mien.

C'est le moment de quitter sa chambre d'hôpital. L'infirmière est venue la chercher. Trois mois après l'attentat, Malala s'en va, non pas dans un fauteuil roulant, mais sur ses jambes.

Elle parcourt le couloir à petits pas, sa main gauche dans celle de l'infirmière qui l'accompagne, et salue de la droite toutes ces personnes en blouse blanche ou bleue qui l'ont veillée, soignée et guérie.

Lorsqu'elle arrive devant la porte en bois, elle s'arrête un instant, se retourne pour faire signe aussi à la caméra.

Le monde entier la verra et comprendra. Les talibans ont voulu lui prendre sa vie, mais ils n'ont réussi qu'à la rendre plus forte.

Une nouvelle vie

Malala est heureuse. Ses livres dans son sac à dos rose, son père à ses côtés, elle parcourt l'avenue bordée d'arbres, dans la direction opposée à celle de la circulation.

C'est le 19 mars, son premier jour d'école. Une nouvelle école qui s'appelle « Edgbaston High School for Girls ».

Son uniforme est une longue jupe avec un pull vert, sur lequel un petit écusson est cousu. Malala a la tête couverte d'un foulard – comme elle en a le droit en Grande-Bretagne – et porte un manteau, car il fait froid, à Birmingham.

Cet uniforme lui plaît : il est la preuve qu'elle est de nouveau une élève, qu'elle maîtrise sa vie. Elle va à l'école. C'est une chose importante.

Un samedi, quelques semaines plus tôt, au cours d'une opération qui a duré cinq heures, on lui a inséré une plaque de titane dans la tête, et un petit appareil dans l'oreille gauche pour l'aider à entendre. Grâce à une intervention sur les nerfs du visage, les médecins espèrent lui rendre peu à peu son sourire d'autrefois.

Mais Malala est déjà heureuse. Elle est vivante, elle parle, elle voit tout, elle voit les autres. Et cette deuxième vie, elle veut la consacrer aux autres.

Elle va au lycée, désormais. Elle apprend beaucoup de choses.

Plus tard, elle fera des études de droit, de sciences politiques et sociales.

Elle comprendra comment on peut changer le monde, comment on peut aider tous les petits garçons, toutes les petites filles à étudier et à réaliser leurs rêves.

« Grâce à cette lutte, un jour, toutes les filles seront fortes et respectées, toutes les filles iront à l'école, pense-t-elle. Mais ce ne sera possible que si elles se font entendre. » C'est une longue bataille, très longue.

La directrice du lycée lui montre la classe de latin, avec ses bancs clairs, ses chaises bleu foncé, des dessins aux murs et des bibliothèques pleines de livres. Puis elle l'accompagne dans un grand salon au parquet couvert de tapis persans, et lui montre une vitrine chargée de trophées : ce sont les prix remis aux meilleures élèves à la fin de l'année.

Laila et Zakia aussi ont reçu un prix au Pakistan : une médaille du mérite qui, d'habitude, n'est décernée qu'aux soldats : l'Étoile du courage. Et du courage, elles en ont à revendre : elles vivent sous escorte, avec des gardes armés devant chez elles. Elles ne prennent plus le bus scolaire, mais un rickshaw flanqué d'une patrouille policière. Elles refusent toujours de passer par l'endroit de l'attentat : ça leur fait encore trop peur.

Elles continuent d'aller à l'école, cependant.

Malala sait qu'elle se fera de nouvelles amies à Birmingham, les filles sont gentilles. Mais ses anciennes camarades lui manquent terriblement. Quand elle le peut, elle leur parle au téléphone.

Zakia l'indécise s'est finalement décidée : elle sera médecin.

Laila a demandé à Malala de revenir :

– Tu es une fille de Swat, c'est ton devoir.

– Pour le moment, je ne sais pas, il y a trop de risques.

Le père de Malala lui promet qu'ils rentreront au Pakistan dès qu'elle sera rétablie. Il dit que Swat, pour eux, c'est aussi important que l'eau pour les poissons. En attendant, il travaille au consulat pakistanais de Birmingham. Il a un contrat de trois ans, qui pourrait être prolongé jusqu'à cinq ans. Sa mère et ses frères se sont également installés là.

Malala a eu Fatima aussi au téléphone : elle, elle ne lui a rien demandé. Mais elle lui a promis une chose :

– Je ne permettrai à personne de s'asseoir à ta place.

Chaque matin, Fatima pose son sac à dos sur la chaise de Malala, la dernière à droite, au deuxième rang. Ainsi, en voyant cette place vide, ses camarades ne pourront jamais l'oublier.

Il faudra peut-être du temps, de nombreuses lunes traverseront le ciel, mais ce petit bataillon d'amies attend son retour.

Glossaire

Aïd-el-Fitr : fête musulmane marquant la fin du jeûne du ramadan.

Assalam alaikum : façon de saluer, qui signifie littéralement : « La paix soit avec vous. » On répond : *Walaikum Assalam* (« Que la paix soit avec vous aussi »). En pachto, on peut ajouter : *Pakhair Raghley* qui signifie mot à mot : « J'espère que vous venez tous en paix. »

Bazar : marché typique d'Orient et d'Afrique du Nord.

Benazir Buttho : la première (et jusqu'à présent la seule) femme pakistanaise qui ait été Premier ministre (deux fois : de 1988 à 1990, et de 1993 à 1996). Tuée dans un attentat au Pakistan le 27 décembre 2007.

Burqa : en Afghanistan et au Pakistan, c'est un vêtement féminin qui couvre le corps de la tête aux pieds. Dans le nord du Pakistan, la burqa est portée dans certaines communautés des zones tribales et dans quelques zones rurales. Il y a deux sortes de burqa : la première a un voile ajouré à la hauteur des yeux, qui permet de voir sans être vue ; la seconde a un tissu devant le visage, avec ou sans fente pour les yeux.

Da warro dodai : pain. À Swat, il est généralement pétri avec de la farine de riz. Rond et écrasé, frit dans l'huile, on peut le manger au petit déjeuner aussi, avec des œufs sur le plat.

Dupatta : terme ourdou (l'équivalent pachto est *lupata*), qui désigne une longue écharpe légère dont les femmes se couvrent la tête.

Gul Makai : en pachto, littéralement : « fleur de maïs ». C'est le nom de l'héroïne d'une histoire locale ancienne, comparable à celle de Roméo et Juliette.

Kajal (ou khôl) : produit cosmétique courant dans le Sud-Est asiatique, au Moyen-Orient et en Afrique du Nord, qui sert à foncer les paupières. Également utilisé comme mascara.

Kameez partoog : terme pachto (équivalent ourdou : *shalwar kameez*). Ensemble vestimentaire formé d'une chemise longue ou tunique et d'un pantalon.

Kebab : brochette de mouton grillé.

Khaal : terme pachto indiquant le « petit point rouge de beauté » tracé au milieu du front, comme le *bindi* indien, mais légèrement plus petit. Dans le nord du Pakistan, son usage s'est perdu récemment.

Khushal Khan Khattak : guerrier et poète (1613-1689) considéré comme le père de la poésie pachto.

Madrassa ou **medersa :** littéralement « école » en arabe. Au Pakistan, ce mot est employé pour désigner les écoles de religion musulmane.

Maulana : mot d'origine arabe. C'est un titre utilisé dans le sous-continent indien pour désigner un érudit du Coran, expert en questions religieuses.

Maulana Fazlullah : chef des talibans pakistanais dans la vallée de Swat, il a été nommé en novembre 2013 chef de tous les talibans du Pakistan.

Miliciens : hommes armés enrôlés plus ou moins régulièrement dans une organisation militaire.

Mollah : mot d'origine arabe, employé au Pakistan pour désigner la personne qui guide la prière à la mosquée.

Mosquée : lieu de culte musulman, destiné à la prière et à l'adoration.

Ourdou : langue nationale du Pakistan.

Pachtoun : groupe ethnique présent en Afghanistan et au Pakistan. Les Pachtouns parlent le pachto et suivent un code non écrit préislamique nommé Pachtounwali, qui établit les règles de conduite de l'individu et de la communauté.

Parroney : en pachto, long manteau souvent blanc, plus ample que le *saadar*, qui couvre la tête et enveloppe le corps. Porté par les femmes à l'extérieur, par-dessus leurs vêtements. À Swat, si les petites filles mettent souvent des châles plus courts, de nombreuses femmes portent le *parroney*.

Raita : sauce au yaourt, concombre, oignons, tomates et cumin.

Ramadan : neuvième mois du calendrier lunaire musulman, pendant lequel, de l'aube au coucher du soleil, on doit s'astreindre au jeûne et à l'abstinence sexuelle.

Rickshaw : moyen de transport très courant en Asie. À l'origine, un homme tire une légère voiture à deux roues où sont assises une ou deux personnes. Mais aujourd'hui, il existe beaucoup de rickshaws à moteur, dits autorickshaws.

Saadar : terme pachto (équivalent ourdou : *chadar*). C'est un châle que l'on met pour sortir, le plus souvent en laine, l'hiver et en coton ou en lin, l'été. Dans des endroits comme Mingora, il est généralement porté par les jeunes filles pour sortir de chez elles. En revanche, dans les lieux publics, mais fermés, comme l'université, le *dupatta* (ou *lupata*) peut suffire. De toute façon, le port du *dupatta*, du *chadar*, ou de la burqa varie selon les endroits et les familles.

Samosa ou **samoussa :** beignet triangulaire farci de pommes de terre, oignons, petits pois, lentilles, viande et épices.

Système scolaire pakistanais : il est basé sur le système britannique. Il prévoit cinq ans d'école primaire (du premier au cinquième « degré »), trois ans de collège (du sixième au huitième degré), deux ans d'école secondaire, et deux ans encore d'école secondaire supérieure, avant d'aller à l'université. À partir du collège, les garçons et les filles sont souvent séparés, mais les classes mixtes sont courantes dans les centres urbains. Les programmes dépendent des établissements. Les matières les plus importantes sont l'ourdou, l'anglais, les mathématiques, l'art, les sciences, les études sociales, l'islam et son histoire, parfois l'informatique. Les langues locales peuvent également être enseignées.

Talibans : littéralement, « étudiants » des écoles coraniques. Le terme a fini par désigner les miliciens fondamentalistes de l'ethnie pachtoune qui ont pris le pouvoir en Afghanistan. Au Pakistan, surtout dans les zones tribales situées le long de la frontière afghane, des groupes de talibans pakistanais qui partagent la même idéologie se sont développés. Les talibans pakistanais combattent le gouvernement de leur pays et les forces étrangères en Afghanistan ; ils veulent appliquer leur interprétation de la charia (loi coranique de l'islam régissant la vie culturelle et les relations sociales des musulmans).

Sources

Pour écrire ce livre, je me suis servie essentiellement du journal écrit par Malala pour la BBC, de deux documentaires du *New York Times*, ainsi que d'autres interviews que son père et elle ont données avant l'attentat. À partir de ces éléments de base, j'ai tenté de reconstituer non seulement les événements, mais aussi les pensées de Malala et ses paroles.

Les articles, les essais de journalistes pakistanais et étrangers sur la situation de la vallée de Swat au moment où les événements relatés dans ce livre ont eu lieu, m'ont été également très précieux, de même que de nombreux entretiens avec des personnes qui connaissent bien les lieux, la langue et les usages de cette région.

Ces recherches m'ont poussée parfois à inclure dans ce récit des faits qui se sont produits au même moment que l'histoire de Malala, mais dont elle ne parle pas explicitement : je pense qu'ils m'ont permis de mieux décrire son monde. Pour pouvoir les raconter de façon efficace, j'ai inventé certains personnages et intégré des dialogues qui sont le fruit de mon imagination.

Presque tous les personnages de ce livre s'inspirent de personnes réelles : leurs noms ont été changés, mais les faits principaux ont existé. Dans certains cas, je me suis servie de plusieurs personnes réelles pour créer un seul personnage. Sur le fil du rasoir, entre chronique et fiction, j'ai essayé de rester fidèle à la réalité, vérifiant toujours les faits et n'utilisant mon imagination qu'avec prudence et respect.

LE JOURNAL
Diary of a Pakistani Schoolgirl, BBC NEWS (du 3 janvier
2009 au 12 mars 2009).

INTERVIEWS VIDÉOS
Adam Ellick et Irfan Ashraf, « Class dismissed in Swat Valley », *The New York Times*, 22 février 2009.
Hamid Mir, « Attack on Malala Yousafzai », *Capital Talk*, 19 août 2009.
Adam Ellick, « A schoolgirl's odyssey », *The New York Times*, 10 octobre 2009.
« Eighth grader stood up against terrorism for education », *Black box Sound*, 2011.
Reza Sayah, « My people need me », CNN, novembre 2011.
« A Morning with Farah », 14 décembre 2011.
Geo News, 31 décembre 2011.
Geo TV, janvier 2012.

Talking back, Mera Passion Pakistan, 16 février 2012.

« Malala Yousafzai's father insists they will remain in Pakistan when his daughter recovers », *The Telegraph*, 25 octobre 2012.

Vidéos, photos, communiqués et informations du Queen Elizabeth Hospital de Birmingham, 16 octobre - 16 novembre 2012.

« Malala Yousafzai discharged from Birmingham Hospital », *Birmingham Mail*, 4 janvier 2013.

« Malala Yousafzai : First interview since getting shot by Taliban », *The Guardian online*, février 2013.

« Malala Yousafzai back at school six months after shooting », *The Guardian online*, 19 mars 2013.

« Malala announces Malala Fund first grant », 5 avril 2013.

SUR MALALA

Rick Westhead, « You will not stop me from learning : teen activist awes us with her courage », *Toronto Star*, 9 octobre 2012.

Adam Ellick, « My "Small Video Star" fights for her life », *The New York Times*, 9 octobre 2012.

Basharat Peer, « The girl who wanted to go to school », *The New Yorker*, 10 octobre 2012.

Owais Tohid, « The Malala Yousafzai I know », *The Christian Science Monitor*, 11 octobre 2012.

« Radio Mullah sent hit squad after Malala Yousafzai », Reuters, 12 octobre 2012.

Kahar Zalmay, « Class resumed », *Pakistan Daily Times*, 3 novembre 2012.

Aryn Baker, « Runner-up : Malala Yousafzai, the fighter et

The other girls on the bus : how Malala's classmates are carrying on », *Time Magazine*, 19 décembre 2012.

« Malala's friends jubilant at her recovery », *Indo-Asian News Service*, 7 janvier 2013.

Ashley Fantz, « Pakistan's Malala : global symbol, but still just a kid », CNN, 30 janvier 2013.

Mary Brenner, « The target », *Vanity Fair*, avril 2013.

SUR LA VALLÉE DE SWAT ET SUR LE PAKISTAN

Palwasha Kabar, *Tribal law of Rashtunwali and women's legislative authority*, Harvard Islamic legal Studies Program, 2005.

Marvaiz Khan, « Music centres threatened by religious extremism », *Freemuse*, 4 mars 2007.

David Montero, *PBS Pakistan, state of emergency*, 26 février 2008.

Aamir Latif, « Taliban threats cause Pakistani cops to abandon their jobs », US News, 13 novembre 2008.

Kamran Haider, « Cleric leads "peace march" through Pakistan's Swat », Reuters, 18 février 2009.

Iqbal Khattak, « Female shoppers still elusive in Swat », *The Daily Times*, 17 mars 2009.

Urvashi J Kumar, *Swat : a chronology since 2006*, Institute of Peace and conflict Studies (Ipcs. org), mars 2009.

Zeeshan Zafar, « Swat men's first post-Taliban shave », BBC News, 6 juin 2009.

« 16 police recruts killed in Mingora suicide attack », *The Daily Times*, 31 août 2009.

Sabrina Tavernise, « New wardrobe brings freedom to women in Swat », *The New York Times*, 22 septembre 2009.

Rick Westhead, « Brave defiance in Pakistan's Swat valley », *Toronto Star*, 26 octobre 2009.

Daud Khan Khattak, « Who is the Swat Taliban's commander ? », *Foreign Policy Magazine*, 21 avril 2010.

Education under attack, Unesco, 2010.

Swat, paradise regained ?, Human Rights Commission of Pakistan, juillet 2010.

Ashfaq Yususfzai, « Taliban's threats force some nurses to wear veils », *Pakistan Update*, 26 juillet 2011.

Shabeen Buneri, *Dancing Girls of the Swat Valley*, Pulitzer Center on Crisis Reporting, 13 septembre 2011.

Khushal Khan, *Swat Valley, the metamorphosis*, Tribal Analysis Center, septembre 2012.

Asad Hasim, « Swat Valley on edge after Malala shooting », Al Jazeera, 14 octobre 2012.

Poems from the Divan of Khushal Khan Khattak, traduction de pachto de D.N. Mackenzie, Allen & Unwin, Londres, 1965.

Remerciements

Je remercie l'éditrice Marta Mazza (aucun lien de parenté entre nous) de m'avoir proposé d'écrire ce livre et d'avoir su créer l'ambiance harmonieuse dans laquelle nous avons travaillé ensemble. Mes remerciements également à l'équipe de Mondadori qui a contribué à la réalisation de ce livre. Toute ma reconnaissance au *Corriere della Sera* et au blog *La Ventisettesima Ora* qui m'ont permis d'écrire la première fois sur Malala, ainsi qu'aux journalistes pakistanais Syred Irfan Ashraf (coproducteur d'un documentaire du *New York Times* sur Malala) et Kahar Zalmay, avec lequel j'ai eu de longues conversations téléphoniques ou sur Skype afin de préciser des détails sur la vie de Malala et sur la situation de Swat entre 2009 et 2012.

Nazrana Yousufzai, Khushal Khan, Jawad Iqbal, Madeeha Syed, Fathma Amir, Asma Abdurraoof ont répondu patiemment à mes innombrables questions sur les lieux, la nourriture, les vêtements, les façons de parler, le système scolaire, les valeurs et les traditions. Maria Calafiore a entièrement lu les épreuves,

m'apportant le précieux point de vue d'une enseignante de collège. Ethan Gottschalk m'a encouragée
jour après jour. Je remercie mes grands-mères, Rosa
Adorno et Sara Lo Po', de m'avoir donné l'envie
d'écouter et de raconter des histoires comme celle-ci.

Table

Découvre d'autres
histoires bouleversantes

dans la collection

L'ENFANT D'HIROSHIMA
Ichirô Hatano, Isoko Hatano
n° 564

Les lettres d'Ichirô, élève au lycée de Tokyo, et d'Isoko, sa
mère, qui vit à la campagne, tissent un lien unique que la
séparation rend encore plus fort. Touchante est la délica-
tesse maternelle qui respecte la liberté et la sensibilité de son
fils à une époque aussi douloureuse que celle d'Hiroshima au
temps de la guerre. Touchante est la plume d'Ichirô quand
il écrit : « Faites rage, lames et vents du monde impur, moi
j'avance dans la vie, aux côtés de ma mère. »
Une histoire vraie : la correspondance bouleversante entre
un fils et sa mère dans le Japon de la Seconde Guerre mon-
diale. Un témoignage inoubliable.

SI TU VEUX ÊTRE MON AMIE
Mervet Akram Sha'Ban, Galit Fink
n° 1213

Mervet, treize ans, du camp palestinien de Dheisheh, et Galit, douze ans, de Jérusalem, commencent à s'écrire en 1988. Comment se parler alors qu'autour d'elles deux peuples se déchirent, se battent, se haïssent parfois ? « Je ne sais pas si tu veux être mon amie. À part ma famille, personne ne sait que je t'écris », s'interroge Mervet. « Quel sentiment étrange de savoir que j'écris à une Palestienne. C'est comme si c'était un rêve, un rêve heureux », lui répond Galit. Leur amitié naissante est sans cesse mise à l'épreuve par l'Intifada. Marquées par les préjugés de leur communauté, elles s'affrontent parfois ou tentent avec naïveté de trouver des solutions.

Ce livre n'est pas une fiction mais une histoire vraie.

SHABANU

Suzanne Fisher Staples

n° 1281

Ondulant comme la mer d'Arabie, le désert du Cholistan :
sur ces terres calcinées par le soleil, au sud du Pakistan, vit
depuis des millénaires un peuple de nomades fiers et libres,
qui tire toutes ses ressources de l'élevage des chameaux.
Shabanu est la plus jeune fille du chef Dalil Abassi.
C'est elle qui surveille et conduit le troupeau. Mais elle est
en âge d'être mariée et, comme le veut la tradition, son père
lui a choisi un époux…
Shabanu, la fille du vent, acceptera-t-elle de perdre sa
liberté ou se révoltera-t-elle contre les usages de son peuple
et les lois de sa religion ?

L'INNOCENT DE PALERME

Silvana Gandolfi

n° 1684

Palerme, en Sicile. Unique survivant d'un règlement de comptes mafieux, Santino est un précieux témoin pour la justice. Mais à sept ans la loi du silence pèse déjà sur ses frêles épaules.

Livourne, sur le continent. Lucio, onze ons, est l'homme de la famille. Partagé entre la responsabilité de sa petite sœur et de rares moments de liberté sur son Optimist, il semble porter l'empreinte d'un sombre passé. Mais quel fil invisible relie ces deux vies ?

L'HISTOIRE D'AMAN

Suzanne Fisher Staples

n° 1665

Partir : pour Aman et sa mère, c'est la seule solution. Fuir l'Afghanistan, où les talibans font régner la terreur, et rejoindre l'oncle Mir en Angleterre. Mais comment sortir du pays, entre les rencontres dangereuses, les bombes, la peur, la faim et les contrôles de police?

À leur côté, Ombre, une chienne adoptée par Aman, devient un fidèle compagnon de route. Elle semble parfois leur montrer le chemin, mais est-ce bien celui qui mène à une vie meilleure?

Le papier de cet ouvrage est composé de fibres naturelles,
renouvelables, recyclables et fabriquées à partir de bois
provenant de forêts gérées durablement.

Mise en pages : Dominique Guillaumin

Loi n° 49-956 du 16 juillet 1949
sur les publications destinées à la jeunesse
ISBN : 978-2-07-066560-0
Numéro d'édition : 279423
Dépôt légal : mai 2015

Imprimé en Espagne par Novoprint (Barcelone)